______________________님께 드립니다.

________________드림

경영명상

100제 : 경영과 나

Management, Zen and I

100 Questions for Management Thinking

Dong J. Park and Peter H. Antoniou

박동준 · 피터 앤토니오

소프트전략경영연구원

경영명상 100제 - 경영과 나

Management, Zen and I
100 Questions for Management Thinking

발행인 : 박 동 준
발행처 : 소프트전략경영연구원
발행일 : 2008년 9월 20일
등록번호 제 22-146호
등록일 : 1993년 2월 10일

ISBN 978-89-7736-124-9
www.ansoffkorea.com

Published by ESPRO Inc. California, U.S. ISBN 1-4196-7521-4
Printed in the United States of America.

도서판매공급처: 도서출판 반딧불이
도서주문 Tel (02)704-3331 Fax (02)704-3360

경영명상
100제 : 경영과 나

Management, Zen and I
100 Questions for Management Thinking

Dong J. Park and Peter H. Antoniou

박동준 · 피터 앤토니오

소프트전략경영연구원

프로로그

경영명상 100제 : 경영과 나

어떠한 능력과 역량을 갖춰야 할 것인가?

전략경영의 대부, 이고르 앤소프(H. I. Ansoff)교수님은 기업의 전략적 성공과 성장을 위하여 경영관리자들의 역량이 중요하다는 점을 역설하였습니다. 구체적으로 보자면, 다음 도표와 같습니다.

<도표 1> 경영관리자의 능력

	경영관리자	조직
문화/풍토 (대응하고자 하는 의지)	의식 권력지위	문화 권력구조
경쟁역량 (대응능력)	재능 기량 지식	구조 시스템 지식공유
수행능력 (대응규모, 능력)	개인적	조직적

Ansoff, H. I., McDonell, E., *Implanting Strategic Management* (2nd edition), Prentice Hall, 1992, p. 263

즉, 조직의 전략적 성공을 도모하기 위하여 살펴봐야 할 것은 다음과 같은 것들이라고 할 수 있습니다.

우선, 경영관리자들의 의식과 자세를 기본으로 하는 경영문화와 풍토, 그리고 그 지위와 권한이 제대로 편성되었는지에 따라 전략적 대응 역량을 강화해야 합니다. 또한, 경영관리자의 능력이나 지식이 어떻게 갖춰져 있는가에 따라, 그리고 조직 내에서 그러한 능력이 어떻게 발휘되고 강화되고 있는가에 따라 경쟁역량을 강화해야 합니다. 마지막으로는 각 경영관리자의 개인적인 업무능력과 조직적 업무능력이 어떻게 발휘되고 있는가를 점검하여 조직의 조직의 업무능력을 강화합니다. 조직에서 이러한 역량과 능력들을 어떻게 갖추고 있는가에 따라, 조직의 전략적 성과가 좌우되기 때문입니다.

그러나 그와 같은 경영관리자의 역량과 능력들은 생각과 의지만 가지고 막연하게 갖춰지는 것이 아닙니다. 새로운 지식을 습득하는 과정에도 어떠한 시각 하에서 습득하는가에 따라 그 성과가 천차만별입니다. 무엇을 생각하며, 어떻게 행동할 것인가에 대한 인식에 따라 업무능력의 발휘도 제각기 달라집니다.

도표의 왼편에서는 조직의 풍토에 대하여 대응의지, 즉 'will to respond'를 설명하고 있습니다. 우리 조직이 환경변화의 역동성에 대하여 어떠한 의지를 가지고 대응하는가를 살펴보면, 우리의 풍토가 어떠한지를 이해할 수 있습니다. 그러나 최근 기업의 환경대응행동과 그 내용 그리고 기업의 성과를 유심히 살펴보면, 우리의 경영관리자와 조직구성원들의 사고방식과 패러다임을 새로이 정비하고 확립할 필요가 있음을 알 수 있습니다.

앞에서 제시한 바와 같이, 환경대응에 필요한 조직구성원들의 필수적인 능력과 역량은 비단 경영관리자들만 갖춰야 하는 것이 아닙니다. 조직구성원들이 제각기 각자의 자리에서 당면하고 있는 환경에 대응하기 위하여 필수적으로 확립해야 하는 것입니다. 왜냐하면 기업조직의 직무변혁과 직무역량과 관련하여 최근 직무와 직계의 무경계성 및 역동성이 급속히 진행되고 있기 때문입니다.

또한 환경의 다이내미즘(dynamism)이 조직의 각 계층에 대하여 이와 같은 전략적 환경대응 능력과 역량을 보편적으로 요구하고 있습니다. 따라서 이와 같은 능력과 역량은 전 사원을 대상으로 확대되어야 하는 상황에 처해 있습니다. 더욱이 전 사원으로 확대해야 한다면, 앞의 도표에서 제시하고 있는 역량이 뿐만 아니라 좀더 다양한 각도에서 추가해야 할 관점들이 있습니다.

기업행동에 대한 새로운 관점과 경영사고의 자기성찰이 요구된다

우선 기업체의 구성원으로서의 개인, 즉 자기 자신에 관한 관점과 사고, 그리고 행동의 정비가 될 것입니다. 대체로, 자신에 대한 확고한 신념이 결여되어 있을 경우, 복잡한 조직행동이나 불확실한 경영행동에서 확고한 추진의지를 발휘하기 어렵기 때문입니다.

또한 기업행동과 경영행동에 관한 관점과 성찰이 주가되어야 할 것입니다. 주목해야 할 현상으로, 현장의 각 부서의 직무수행에 있어서 경영관리자를 포함하여 대부분의 조직구성원들이 자기 부서의 일, 자신의 일에만 관심을 두는 경향이 현저하다는 점입니다. 따라서 기업 전체적 차원에서의 기업행동, 경영행동 관점이 결여되어 있을 뿐만 아니라 그러한 현상이 기업 전체의 발전과 성장을 저해하고 있다는 사실을 인식하고 있는 조직구성원들이 적다는 점입니다.

찰리 채플린이 무성영화 '모던타임즈'에서 풍자했던 것처럼, 자신의 직무를 마치 기계의 부속품 정도로만 이해하고 있는 사원들이나 관리자가 의외로 많다고 느끼는 것은 바로 자신의 직무와 기업행동 간의 연계성을 제대로 이해하지 못하고 있기 때문입니다.

또한 우리의 경영관리자와 조직구성원들의 관점에서 새롭게 확립해야 하는 것으로 회사조직과 회사의 기능을 매개로 하여 나와 사회와의 관계를 제대로 인식하는 것입니다. 이는 기업의 사회전략 전개와 맥락을 같이 하는 것이기도 합니다. 근래, 윤리경영이라는 주제로 공공부문과 각 그룹기업 및 대기업, 중견기업들에서 새로이 기업윤리를 조명하고 이에 대한 강령과 헌장, 이념 등을 정비하고 확립하는 활동을 강화하고 있습니다. 개인과 조직, 그리고 기업의 종합적 이념을 점검하고 사고행동 기준과 원칙을 설정하여 글로벌 사회에 대응하는 일은 참으로 바람직한 일이라고 할 수 있습니다.

이상과 같은 관점들이 우리의 조직구성원들이 고려해고 대응해야 할 기본적인 요건들이 될 것입니다.

이와 더불어 몇 가지 추가적 관점들을 부가할 필요가 있습니다.

우선, 직업인으로서의 기본적인 사고방식과 행동에 대한 근본적 반성입니다. 생각하는 방식이나 행동에 있어서 불합리한 습관이나 편견, 또는 왜곡된 관점이 있다면, 근본적으로 이를 정비할 필요가 있습니다.

또한 생각해두어야 할 점으로 희망과 욕망 사이에서 갈등하는 우리들에 대한 반성입니다. 창조적이고 실천적인 희망을 상실하고 번잡스러운 사욕에 사로잡혀 있다면, 궁극적으로는 바람직하지 못한 결과만이 초래될 뿐이기 때문입니다.

마지막으로 시간과 공간, 그리고 지식사회에서의 학습에 관한 점도 강화되어야 할 부분입니다.

이상과 같은 점들을 정리해보면, 새로이 정비해야 할 관점들은 ①생각과 ②행동, ③소망, 그리고 ④원칙, ⑤신념과 책임, 그리고 ⑥나와 회사, 그리고 사회, ⑦경영과 나, ⑧변화와 개선, ⑨임무와 보람, ⑩학습과 같이 분류해볼 수 있습니다.

이 책에서는 이러한 분류를 중심으로 각 주제별로 경영행동과 사고를 정비하고 문제의식을 강화하고 스스로 업무의 성과를 높일 수 있도록 반성하고 성찰할 수 있는 근본적인 질문들을 준비하였습니다. 질문의 기본개념을 화두로 삼기 쉽도록 하기 위하여 관련된 한자를 키워드로 내세웠습니다.

또한 질문의 내용전개를 가급적 간략한 형태로 전개한 것은 질문과 독자 여러분의 사고전개과정에서 근본적인 의미를 어지럽히지 않도록 하기 위함입니다.

보다 나은 내일을 희망하며 정리한 질문들

그동안 기업체 및 공공부문의 전략경영분야에 대한 워크샵 지도를 수행하면서 저자들이 공통적으로 느껴온 고민들이 있었습니다. 그것은 기업의 전략적 성과를 결정하는 중요한 요인으로 조직구성원들이 전략적 논리나 전략기법의 실천능력보다 더 중요하게 고려되어야 하는 것으로 경영관리자를 비롯하여 조직구성원들이 기업현실을 이해하는 내용과 방식에 중대한 결함들이 있다는 점을 깨닫게 된 것입니다.

더욱이 기업이 당면하고 있는 여러 가지의 문제현상들과 자신이 대응해야 할 문제들에 대하여 각기 별도로 생각하고 있을 뿐만 아니라 회사일과 자신을 별개로 여기는 경향도 현저한 현상으로 목격되었습니다.

즉 경영은 경영, 자신은 자신이라는 생각이 강하여 조직이 총력을 기울여 전략적 환경대응을 추구하여 전략적 성과를 높여야 할 상황에서도 그 전략적 구심력을 강력하게 확보하지 못할 뿐만 아니라, 그 실행성과도 떨어지고, 결과적으로는 조직과 개인의 실패를 자초하게 될 줄을 알면서도 대부분의 조직구성원들이 이러한 현상을 방임하거나, 무시하는 현상에 전율을 느끼게 되는 경우가 한 두 번이 아니었습니다.

일부 현장에서는 생각과 행동에 대한 중요한 관점들을 제시하고 대안모색을 통하여 보다 나은 발전을 모색할 수 있는 질문들이 종종 등장하고 있지만, 그러한 문제의식과 질문들이 새로운 방향이나 행동으로 승화되지 못한 채로, 늘 우리의 현실의 언저리에서 맴돌고 있기 때문입니다.

따라서 조직구성원들 스스로 자신과 기업, 그리고 사회를 재조명하고 스스로의 활동과 생각을 다시 점검하고 성찰하여, 보다 높은 성과와 성공을 실현할 수 있도록 하는 데 도움이 될 수 있는 화두로써의 질문들을 책자의 형태로 제시하고자 하였습니다.

여기에 나오는 질문들은 대부분 우리가 가슴속이나 머릿속에 담아두고 반복적으로 우리 자신에게 스스로 물어볼 수 있는 질문들입니다.

저자들은 여기에서 수록한 질문들을 선별하여 경영관리자를 위한 교육이나 워크샵을 지도할 때, 참가자들에게 제시하는 개방적 질문으로 활용하고 있습니다. 여기에서 소개하고 있는 질문들은 저자들이 주도하는 경영자 워크샵과 전략경영 워크샵, 전략 패러다임 변혁 워크샵, 경영관리자워크샵, 조직혁신워크샵, 신임임원교육 그리고 신입사원 입문교육과 같은 교육의 현장에서 참가자들의 관점과 생각, 그리고 그에 대한 본연적 자세를 다듬는데 도움이 되었던 질문들입니다.

저자들은 그러한 질문들과 문제의식들이 소중한 것이라고 생각하여, 책자의 형태로 정리해보도록 하였습니다.

이 책의 초판은 2003년에 전자도서 「경영과 나 – 윤리경영을 생각하는 100제」라는 제목으로 국내에 소개한 적이 있습니다. .

최근 영어판 책자를 미국에서 새로이 출판하는 중에 국내에서도 출간했으면 좋겠다는 의견에 따라 새로이 일부 내용을 보완하여 출간하게 되었습니다. 이 책세서 제시하고 있는 질문들에 대하여 독자 여러분과 함께 생각해보고 함께 정리해나감으로써, 좀더 각성된 오늘과 내일을 소망해볼 수 있다면 큰 기쁨이 되겠습니다.

미완성의 책자 - 나머지는 독자의 몫

이 책의 질문들은 특별한 순서가 있는 것은 아닙니다. 경우에 따라서는 질문을 교묘히 구성해서 특정한 방향으로 이끌어가게 할 수도 있을 것입니다. 그러나 그러한 시도를 중단한 것은 질문들의 지휘권을 독자 스스로 편성하기를 원했기 때문입니다.

다양한 관점의 질문들을 찾아보는데 편리하게 하기 위하여 편의상, 질문들의 내용을 중심으로 소주제별로 질문들을 분류해 놓았습니다. 그러나 이 책을 읽으실 때에는 그러한 구분과 순서에 상관없이 마음 가는 대로, 손길이 가는 대로, 읽고 가장 편하게 주제와 생각을 정리해볼 수 있어도 좋을 것입니다.

독자와 강의 지도자 여러분께 반드시 밝혀야 할 점으로 여기에서 제시하고 있는 질문들에 대하여 저자들의 본래의 의도는 여기에서의 질문에 대답할 것을 강요하거나 또는 특정한 방향이나 의도가 담긴 답을 만들어 내도록 유도하지 않기를 당부 드리고자 합니다..

그것은 잘못 유도된 질문은 오류를 범할 수 있을 뿐만 아니라, 때로는 오히려 정답이라고 생각되는 오답을 강요할 수도 있기 때문입니다. 또한 질문의 구조와 내용에 따라서, 그리고 보다 바람직한 변화를 모색하기 위하여, 해당 질문에 대하여 생각하고 답변할 수 있기까지에는 상당한 시간과 노력을 필요로 하는 것들도 있습니다.

패러다임의 한계를 초월하여 생각해봅니다

패러다임에는 그 나름대로의 한계와 제약이 있습니다. 기존의 패러다임의 구조와 합리성을 다시 생각하고 새로운 시각으로 현상을 이해하고 관점을 정비해야 하는 것도 있으며, 새로운 패러다임을 구성하고 이해해야만 답을 구성할 수 있는 것들도 있습니다. 그럴 때에는 역시 시간을 두고 스스로 질문을 반추해볼 수 있는 여유와 질문의 내용과 관련하여 관련주제를 섭렵할 수 있는 기회를 갖도록 하는 것이 중요합니다.

여기에서 제시된 질문들은 다양한 각도에서 다양한 관점으로 생각해보고, 우리 자신과 우리 자신의 일, 그리고 우리 조직과 사회에 대하여 어떻게 사고하고 행동해나갈 것인가에 대한 자기성찰을 위하여 제시된 것입니다. 필요에 따라서는 조직구성원 여러 분들이 한 팀이 되어 동일한 질문을 키 포인트로 해서 문제의식을 확장시키고, 그에 대한 생각을 정비하고 해결책을 모색해 볼 수도 있습니다.

질문과 답변간의 관계를 생각해보면, 바보 같은 질문에 현명한 대답이 있는가 하면, 어려운 질문에 대한 쉬운 대답도 있습니다. 물론 그 반대의 경우도 성립합니다. 저자들은 여기에서 아주 단순하지만 근본적인 질문을 드리고 있습니다. 그러나 그에 대한 여러분의 답변은 깊고 현명하고 실천적인 답변이 되길 희망합니다.

저자들의 이러한 시도가 흙에 감추어진 아름다운 보석의 빛을 찾기는커녕, 오히려 그 위에 진흙을 더욱 덧붙이는 일이 되지 않기를 바랍니다.

이 질문들이 강의실에서나 여러분의 책상 앞에, 회사의 복도나, 엘리베이터의 벽에 걸리게 되어, 여러분들이 일상적으로 상사와 동료들과 함께 질문을 공유하여 반추하고 현명한 답을 함께 창조해감으로써 기업조직의 성공을 노보하고, 좀더 밝고 나은 사회와 내일을 창조하는데 도움이 되기를 진심으로 기원합니다.

2007년

박동준, 피터 앤토니오

목 차

생각
Thinking

내가 세상을 보는 관점에 따라 나의 행동과 결과가 좌우된다.
나는 지금 무엇을 어떻게 생각하고 있는가?

My performance and results depend on what and how I look at the world; with my scope, framework, filters of view and points of reference.

What am I thinking now?

業

/ yě /
Karma,
job, work,
study,
beginning,
fundamentals.

업: 업, 일,
직업, 학문,
기초, 시작

Let's think about this; Company, Society and Me.

My achievement influences my company's performance.

What influences my personal achievement?

나와 사회, 그리고 회사

우리 회사의 성과를 좌우하는 것은 나의 업적이다.

그렇다면 나의 업적은 무엇이 좌우하는가?

首

/ shǒu /
The head,
the beginning,
the inception,
the origin,
forehead,
ahead.
수 :
머리,
시초(始初),
먼저, 앞

Both my ability and actions are strongly influenced by my thinking.

Therefore, what influences my thinking?

What controls my thinking?

And why?

나의 능력과 나의 행동의 저변에
나의 생각이 있다.

무엇이 나의 생각에 영향을 미치고 있는가?

무엇이 나의 생각은 무엇이 주도하는가?

왜 그런가?

觀

/ guān /
Look at,
see,
watch,
look carefully.
관 :
보다,
자세히 보다,
드러내 보이다.

What can be seen now?
What are they doing now?
What are we to do now?

Everybody is trying to do better.
What is the company doing now?
What am I doing now?

무엇이 보이는가?
재해, 전쟁, 부조리....
세계는 지금 어디로 가고 있으며
우리는 무엇을 해야 하는가?

세계는 지금 아수라인데
도대체 지금 무엇을 하고 있는가?

다른 이들은 좀더 잘해보려고 최선을 다하고
있는데
우리 조직은 지금 무엇을 하고 있으며
나는 지금 동료들과 무엇을 하고 있단 말인가?

그리고
우리의 경쟁자들은 지금 무엇을 하고 있는가?

觀

/ guān /
Look at,
see,
watch,
look carefully.
관 :
보다,
자세히 보다,
드러내 보이다.

If one looks around, but cannot see what is happening,

or, if the signals are there and he ignores them, he is the same as a stone statue which could not respond to the environment.

What am I seeing around me?

Are there any obstructions or filters when I look at the environment?

Is my radar directed in the right way and right direction?

How can I ensure that my way is correct?

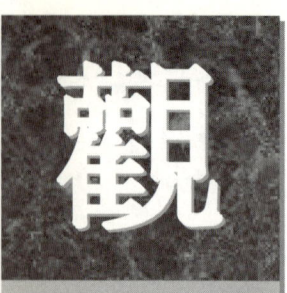

보되 보이지 않고
보이되 보지 않는다면
그것은 보고 있는 자가
생명이 없는 것과 마찬가지이다.

나는 지금 내 주변의 무엇을 보고 있는가?
내가 당면하고 있는 환경을 이해함에 있어서
어떠한 선입견이나 장애물들이
작용하고 있는가?

당면하고 있는 환경을 이해하고 해야 할 일들을 파악함에 있어서 나는 제대로, 그리고 꼭 해야 할 일들을 정확히 파악하고 있는가?

내가 지금 생각하고, 추진하고 있는 방법들은
합당하다고 어떻게 확신할 수 있는가?

/ shi /
Way of doing,
law,
rule,
regulation,
legislation,
provisions,
prescription,
exemplary.
식 : 법, 법규,
규정, 본받다,
기준으로 삼고
따르다

Even though the level of my capability is fairly good, mine or my company's performance could be unsatisfactory due to the wrong way of doing and thinking.

What is my way of doing and thinking?

What are my principles in doing and thinking?

Do I perform in a less than desirable way?

나의 능력이 탁월함에도 불구하고
기업의 업적이나 나의 업적이 떨어진다면,
그것은 나의 일하는 행동방식이나
사고방식이 잘못되어 있는 것이다.

그렇다면 나의 행동방식이나 사고방식은
어떠한가?
내가 행동하고 사고하는 원칙은 무엇인가?

보다 바람직한 방법으로 수행할 수는 없는가?

善

/ shān /

The good,
goodness,
virtue,
the good deed.

선: 착하다,
정당하여
도덕적 기준에
맞는 것,
높다,
많다.

Like a rock thrown into the lake, my thoughts and actions spread out in concentric circles positively influencing my organization and society.

If so, what do I want to innovate or make better for myself?

How should it be done?

나의 생각과 행동이 개선되어
그것이 동심원처럼 퍼져나가게 되면
우리 조직과 사회를 점점 더 행복하게 만든다.

그렇다면 어떠한 내용으로 개선할 것인가?

어떻게 개선되어야 할 것인가?

原

/ yuán /

The basic, fundamental, field.

원 : 근원, 들판

Everything comes from me. I am the starting point for the solution of a problem, and the motivation power of the society.

I have many powers: positive or negative, bright or dark.

If so, what do I want to make the motivation power of the society to become?

Do I want the change to come from me?

Which side of my ignition power do I want to switch on? On or off? Positive or negative?

모든 것은 나로부터 시작된다.
그것이 문제해결의 시작이며,
이 사회의 원동력이다.

그렇다면 나의 어떤 부분으로
사회의 원동력을 구성할 것인가?

또한 나의 어떠한 능력으로 그 원동력에 대하여
시동을 걸고자 하는가?

求

/ giú /
The asking,
looking for,
seek for.
구: 구하다,
필요한 것을
찾다, 청하다.

What should I strive for my business activities now?

What should I seek from our business operations?

What do I seek from society?

What does the society want from our organization?

What does the company want from me?

What does the society want from me?

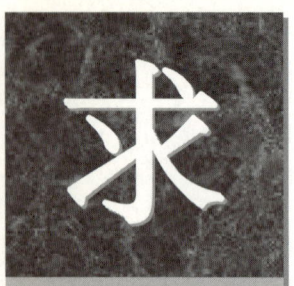

내가 지금 구할 것은 무엇인가?

우리가 구해야 할 것은 무엇인가?

우리가 사회에서 구할 것은 무엇이며
사회가 우리로부터 구해야 할 것은
정녕 무엇인가?

視

/ shí /

See,

look carefully.

시: 보다,

자세히 살펴보다,

돌보다,

대우(待遇)하다.

주관하다.

Birds flying higher see further.
What about my vision and sight?

Is there a tendency of reflecting, or biased inclination of understanding (and finding) when I see others?

Is there a habitual tendency to see with only my familiar way?

What am I looking for?

높이 날아오르는 새가 멀리 본다.

나와 우리의 미래 시력은 어떠한가?

굴절되어 보거나 특별히
편향시켜 보는 일은 없는가?

보고 싶은 것만 보는 경향은 없는가?

지금 보고 있는 것은 무엇인가?

視

/ shí /

See,

look carefully

시: 보다,

자세히 살펴보다,

돌보다,

대우(待遇)하다.

주관하다.

What am I seeing?

How far and how deep?

Are my eyes open beyond the office walls to the market, and the heart of our customers?

Can I focus right to their hearts and minds?

How far can I see?

How far could we see?

Can I see through the boundaries?

지금 나는 무엇을 보고 있는가?
그 반경과 심도는 어떠한가?

책상 앞의 우리 부서를 둘러싼 벽을 뚫고
시장과 고객의 마음까지
나의 초점은 열려 있는가?

나의 시력은 어느 정도인가?

우리의 시력은 또한 어느 정도인가?

그것이 보이는가?

解

/ jiě, jiè, xiè /
Solve,
understand,
open,
acknowledge,
permit,
section,
set free.
해: 풀다,
납득하다, 열다,
깨닫다, 가르다,
용서하다,
놓아주다.

Can I see the others' wants and feelings?

Can I see their intents and wants?

Can I feel the wave of what they think?

If I couldn't perceive those waves, how could I say I understand what my colleagues, team members, top, bottom, and customers want?

What do I comprehend of our management?

나는 마음을 볼 수 있는가?

다른 사람의 마음을 볼 수 있는가?
다른 사람들의 의도와 욕구를 이해할 수 있는가?
마음의 진동을 느낄 수 있는가?

이에 대하여 정확히 모르면서
고객과 동료, 직원들의 마음을
이해한다고 할 수 있는가?

경영에 대한 나의 마음은 또한 어떠한가?

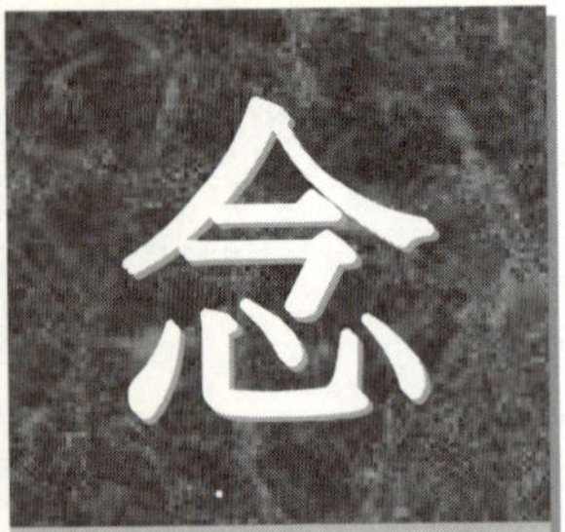

/ niàn /
Think,
thought.
염(념) :
생각하다,
생각

What am I thinking about now?
What do I carry on when I think?
What makes me think?

What thought makes me act?
What kind of idea controls me and why?
What is my basic idea on this business operation?

What do I think on the management's performance?

우리가 지금 생각하는 것은 무엇인가?
어떠한 생각에 나와 우리를 맡기고 있는가?
그 생각은 어떠한 마음에서 비롯된 것인가?

어떠한 생각이 나를 행동하게 하는가?
어떠한 종류의 생각이 나를 통제하고 있는가?
그 이유는 무엇인가?
내가 일을 수행하는 기본적인 생각은 무엇인가?

나는 현재 우리 사업성과, 조직성과,
그리고 경영성과에 대하여 어떻게 생각하는가?

明

/ míng /

Bright,
enlighten.
명 : 밝다,
밝히다.

Our bright side could be the dark side to the customers. If the light is brighter, the contrast will be stronger.

Our profit comes from the customers.

Isn't the dark side of our customers getting darker when I focus only on the bright side of our stake?

Is there a possibility to change our systems and methods without enhancing the contrast?

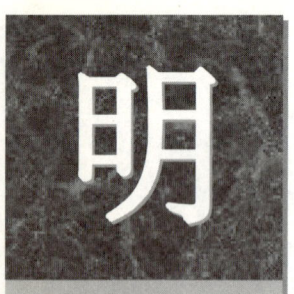

모든 것을 동일선상에 두지 말라.

우리에게 밝음은 고객에겐 어둠이 될 수도 있다.

밝음이 강하면 어둠의 콘트라스트는 더 강해진다.

우리의 이익은 고객의 비용에서 지불된다.

우리가 밝음을 숭상하면 할수록
혹시 고객에겐 어둠이 드리우는 것은 아닌가?

敎

/ jiao /

Teach.

교 : 가르침

Don't try to awaken others.
We can't awaken anyone.
Awakening could be reached by one's own effort.
We can only show the ignition point or trigger by providing the chances.

How could I manage the opportunities to find the ignition points of management awakening?
When?
Where and How?

가르치려고 하지 말라.

깨달음이란 책을 건네듯
건네줄 수 있는 것이 아니다.
건네준다고 해도
받아들여지는 것도 아니다.

그러나, 깨달음의 계기를
제공하여 줄 수는 있다.

우리는 스스로 어떻게 깨달음의 계기를 찾고 있는가?

어디에서?
누구에게서?
그리고 언제, 어떻게?

毒

/ dú /
Poison,
toxicant,
venom,
toxin.
독 : 독,
해독(害毒).
해악(害惡),
죽이다.

What makes me or our organization weaker?

What kind of toxin in management reality could deal me(us) a fatal blow in doing business?

What kind of toxic attitude is prevailing now in the organization and my(our) mentality?

Is there any part or section of me or our organization which is already poisoned and could not judge effectively?

If so, what is the effective antidote?

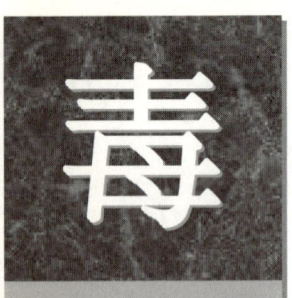

무엇이 나를 (우리를) 약하게 하는가?
앞으로 우리에게 치명적인 결과를 가져오게 될
현실의 독기(毒氣)는 어떠한 것들이 있는가?

지금 우리 조직 내에서 만연하고 있는 독기에는
어떠한 것들이 있는가?
이미 중독되어 감각을 상실한 부분은 없는가?

이들의 해독제는 무엇인가?

妄

/ wàng, wú /
False,
falsity,
untruth,
groundless.
망 : 거짓,
허망되다,
망령되다.

What makes me wrong?

What makes our organization wrong?

What makes our products/services unsatisfactory?

If so, isn't there any method to prevent this?

Who should do this?

What should I do about it?

What should we do as an organization?

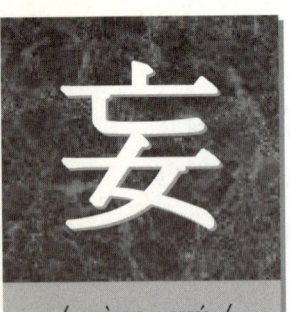

무엇이 나와 우리를 잘못되게 하는가?
무엇이 우리 조직을 잘못되게 하는가?
무엇이 우리의 일과 제품 서비스를
망치게 하는가?

이를 예비할 수는 없는가?

예비한다면
누가 해야 하는가?
내가 해야 할 것은 무엇인가?
우리 모두가 나서야 할 일은 무엇인가?

惱

/ nǎo /
Agony,
gnawing
anguish,
affliction,
pain,
distress,
suffering.

The creation of happiness starts from the maturing of agony and great pain.

Peace comes from agony not from desire and satisfaction.

Do I find ways to evade agony?

Management's, business's and my agony are seeds of creation of a new society.

Could I endure a heart full of trouble and enjoy the resolve of trouble for the betterment of the society?

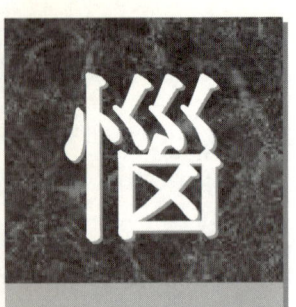

행복창조는 고통 속에서 잉태된다.
평화는 욕망과 만족추구에서 비롯되지 않고
인고를 통하여 창조된다.

나와 우리는
고통과 고뇌를 기피하는 것은 아닐까?

경영과 사업, 그리고 일을 통한
나와 우리의 정신적 고뇌는
사회와 세계를 향하여
보다 새롭고 가치 있는 것을 창조하기 위한
씨앗이다.

우리는 당면하고 있는 사회의 제 문제들을
보다 나은 방법으로 해결하고
보다 나은 사회를 창조하기 위하여
진정으로 고뇌하는가?

행동
Action

나와 우리는 지금 무엇을 하고 있는가?

What am I doing now?

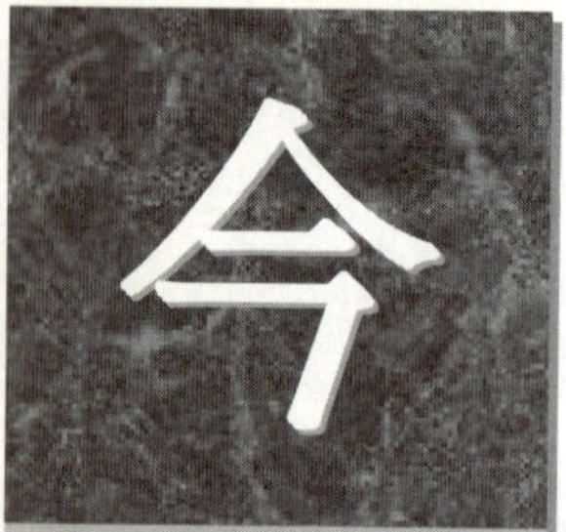

/ jīn /

Now,

this.

금 : 이에, 이

What am I doing now?

Why now?

Is there anything unfinished or undone among the things to be done?

What are they?

Which one(s) should I do? Why?

Are these things necessary for today? tomorrow?

지금 하고 있는 것은 무엇인가?
왜, 지금 하고 있는가?

그렇다면
지금 하지 않으면 안 되는 일들을
간과하고 있는 것은 없는가?

나와 우리가 지금 하지 않으면 안 되는 일들은
어떤 것들인가?
그것은 왜 해야 하는가?

또한 그것은 현재와 내일을 위하여
진정으로 필요한 것인가?

正

/ zhēng /
Right,
morally good,
fitting.
true,
correct,
remedy.
정 : 바르다,
바로잡다.

The strategy fails when it is made by unrighteous motives.
As you sow, so you reap. [1)]

Which are my basic motives?

If so, what kinds of basic motives should I choose?

Which are management's motives?

Which are the motives of our organization?

1) "Be not deceived; God is not mocked: for whatsoever a man soweth, that shall he also reap
For he that soweth to his flesh shall of the flesh reap corruption; but he that soweth to the Spir
shall of the Spirit reap life everlasting."
Galatians 6:7~8:

옳지 못한 동기로 구도된 전략은
반드시 실패한다.
事必歸正

그렇다면 우리는
어떠한 기업동기(企業動機),
어떠한 사업동기,
어떠한 업무동기,
어떠한 시장동기,
어떠한 제품동기를 추구해야 하는가?

是

/ shì /
Right,
straight,
true,
correct,
reform.
시 : 옳다,
바르다,
바로잡다.

"This!"

"We have to certainly accomplish this during the performance of our business, whatever may become!"

What is "this" to me?

What does "this" mean to me? To management? The organization?

If there is any conflict or confusion among the goals, objectives, purposes and principles, let's start from "this".

What does "this" mean to me?

"이것이다!
이것만은 반드시 해야 한다!
나와 우리의 자존(自存)을 걸고"

이처럼 이야기 할 때,
'이것만은 반드시 해야 하는 것'이 있다면
그것은 무엇인가?

행동과 판단의 혼란이 생긴다면,
그것에서 출발하자.

그것은 무엇인가?
나에게, 우리에게, 우리 조직에서 무엇인가?

用

/ yòng /

Use,
do,
manage.
용 : 쓰다,
베풀다,
부리다,
행하다,
다스리다.

I perform the social virtue by using my efforts.

What about my company's performance?

Is all of our performance welcomed?

Is there anything wrong with the performance of my efforts?

Is there any trouble created from mine or our mischief to the society?

Does it happen with or without my awareness?

나와 우리는 쓰여짐으로 덕(德)을 행사한다.
나와 우리는
이 사회에서 어떻게 쓰이고 있는가?

우리는 참으로 잘 쓰이고 있는가?
오히려 잘못 쓰이는 일은 없는가?
우리가 인식하건 또는 그렇지 않건
사회적 불편이나 해악을 끼치는 일은 없는가?

나와 우리의 행동과 쓰임은
하늘아래 떳떳한 것인가?

果

/ guǒ /
Fruit,
result,
accomplish,
brave,
firm,
stout.
과 : 실과,
나무의 열매,
해내다, 이루다,
굳세다,
용감하다.

Remember what we have done.
Look at its trace in the time span.

What should have been done today?
What should I have done today?
What are the accomplishments we will reap tomorrow?

나와 우리가 해놓은 것을 보라.
시간 속의 그 궤적을 보라.

오늘 내가 그리고 우리가
완수해야 할 것은 무엇이며
완수되어야 할 것은 무엇인가?

내일 우리가 거둘 것은 무엇인가?

修

/ xiū /
Train,
drill,
practice,
school,
improve,
cultivate,
pursue.
수 : 닦다,
다스리다,
고치다.

What is my training and what am I practicing?

What could I expect the direct and indirect results to be because of my behavior?

Do I practice what I am trained for?

Is there need for improvement? Where?

Is there a reason to pursue it? Why?

나는 무엇을 연마하고 수행하고 있는가?

그러한 나의 행동이 나와 우리,
그리고 이 사회에게
어떠한 결과를 가져다 주고 있는가?

나는 내가 학습한 바를 연마하고 있는가?
좀더 개선해야 할 것은 없는가?
있다면, 무엇을 개선해야 하는가?

내가 추구하는 것들에 대한
합당한 이유는 무엇인가?

왜 그렇게 하는가?

平

/ píng /
Even,
level,
balance,
control,
straighten,
correct,
peace.
평 : 평평하다,
다스리다,
바르다, 곧다,
바로잡다.

There are two sides which must be controlled; one is the inside, and the other is the outside.

How do I control them?

What do I do to control them?

Am I doing what is needed to control them?

Do I loose control?

Why?

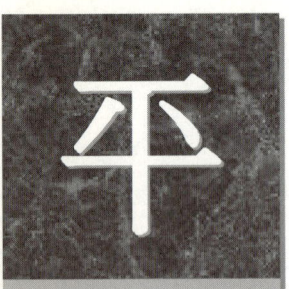

다스림의 대상에는 안과 밖이 있다.

나와 우리의 안과 밖은
어떻게 다스려지고 있는가?
무엇이 다스려지고 있는가?

내가 다스려지고 있는 것은 아닌가?
무엇에 의하여
왜, 그렇게 되고 있는가?

言

/ yàn /
Say,
tell,
speech,
letters,
wit,
language,
word,
plot.
언 : 말, 글자,
문자, 말하다,
가르치는 말,
꾀, 모의

Do I clearly know the meaning of what I'm saying?

Do I really know what they mean?

Do my words transfer exactly to others?

Are my words interpreted and understood correctly?

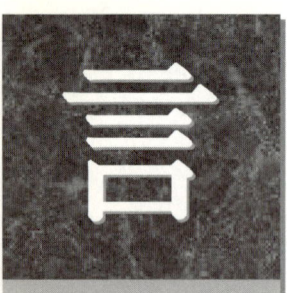

내가 하는 말의 의미를 정말로 알고
말하고 있는가?
상대방이 하는 말의 의미를
정말로 알아듣고 있는가?

나의 말은 정말로 상대방에게
제대로 전해지고 있는가?

우리의 말은 제대로
우리에게 이해되고 있는 것인가?

創

/ chuàng /

Create,

make.

창 : 비롯하다,

만들다.

Creation and destruction are the two wheels for leading change.

The size and balance of each wheel influences the leading direction.

How do I manage both wheels?

How does management balance those wheels?

When do I realign them?

How could I manage the changing speed?

창조와 파괴는 변화를 주도하는 양 바퀴이다.

이 두 바퀴 중 어느 것이 큰가에 따라서
변화의 수레 진행 방향이 결정된다.

나(우리)는 이 두 바퀴를 어떻게 관리하는가?
두 바퀴의 균형 관리는 어떻게 하는가?
언제 이 바퀴들을 재조정하는가?
그 회전 속도는 어떻게 유지할 것인가?

執

/ zhí /
Hold,
stubborn,
stick to,
stand firmly.
집 : 잡다,
지키다, 가지다.

What are those irrational things that I could not throw away?

Is it more valuable to keep them than to change for better performance or enhancement of my ways?

Which are the immediate/important things I have to discard, in the inside or the outside?

내(우리)가 버리지 못하는 것은 무엇인가?
나와 우리는 무엇에 집착하고 있는가?

그것이 이 사회와 우리를
보다 윤택하고, 현명하고, 보다 아름답게
만드는 것보다도
그렇게 귀중한가?

지금 당장 버려야 할 것이 무엇인가?

내(우리)가, (우리) 안과 밖에서.

反

/ fǎn /
Reject,
back,
put back,
against,
reverse,
turn down.
반 : 되돌리다,
뒤집다,
뒤엎다.

Put it back, if it is wrong.

But, the way, its contents, and the method of how to put it back is important.

What part do you want to put back?

Why?

Which part first?

Why do I put it back?

되돌려라.
그것이 잘못된 것이라면.

그러나 되돌리는 방법과 내용,
그리고 순서가 중요하다.

무엇을 되돌릴 것인가?
어떻게 되돌릴 것인가?
무엇부터 되돌릴 것인가?

나는 무엇을 되돌릴 것인가?

止

/ zhī /
Stop,
stay,
halt,
cease.
지 : 멎다,
멈추다,
머무르다.

Where did we stop?
Where do I stop?
Why did I stop?
Why do I usually stop?

When do I start to new path?
Why not now?

나와 우리는 어디에 머무르고 있는가?

언제 멈출 것인가?

언제 그만두었는가?

왜 멈추었는가?

내가 지금 그만 두어야 할 것은 무엇인가?

멈춰진 것 중에 계속 수행해야 할 것은 무엇인가?

새로운 출발은 언제 시작될 것인가?

왜, 지금 새로운 시작을 하면 안 되는가?

소망
Wishes

나와 우리는 지금 무엇을 원하고 있는가?

What do I(we) want now?

初

/ chū /
Beginning,
opening,
the start,
the outset,
commencement,
the first,
the origin.
초 : 첫, 처음,
시작,
처음으로.

Why did I(we) begin?
What did I(we) begin?
Where did I(we) begin?
What is the result?

What was the initial intention/goal when I(we) started?

What is different today?

What will be different in 2 or 3 years from today?

Is the initial intention still valuable?

Why?

What is good for me today? Will it still be good in 2 to 3 years?

Can I maintain it?

나(우리)는 왜 시작했는가?

무엇을 시작했는가?

지금은 어떠한가?

그 초심(初心)은 어떠한 것이었는가?

향후 몇 년 뒤에는 어떻게 달라질 것인가?

왜 그런가?

언제까지 지속할 것인가?

泉

/ quán /

Fountain,
spring,
money.

천 : 샘,
땅에서 솟는 물,
돈.

Today, what do I want to create for us, to benefit our customers, and the society?

Do I do my work with the best outflow of my effort?

Do I perform it with springing joy and peaceful mind?

Do I keep this as a standing mindset in daily business?

오늘은 어떤 마음으로
나와 우리와 우리의 고객과 사회에 대할 것인가?

자신의 내면으로부터
계속 솟구쳐 올라오는
맑은 기쁨과 평화로운 마음으로
나의 주어진 일과
우리와 사회에 대하지 않겠는가?

이를 평상심(平常心)으로 하고 있는가?

尊

/ zūn /

Respect,
reverence,
veneration.

존 : 높다,
높이다,
우러러보다.

Do I respect myself?

Do I respect my team members, boss, customers?

If I have no person to respect in my daily relationships, it shall not be a happy life.

What is esteem?

Will I have respect from others after I retire from this job?

How important is it for me to be respected?

Is my company respected from the society?

나는 스스로 내 자신을 존경하는가?
나의 상사, 동료, 고객을 존경하는가?

단 한번뿐인 인생에서 존경할 만한
대상이 없다면 그것은 참으로 불행한 것이다.

존경심이란 무엇인가?

내가 퇴직한 뒤에
나는 동료로부터
존경을 받을 수 있을 것인가?

우리 회사는 사회로부터 존경 받을 회사인가?

나와 우리는 존경의 덕목을 관리하고 있는가?

苦

/ kǔ /
Bitter,
hard,
feel unpleasant,
labor,
pains,
efforts.
고 : 쓰다,
쓴 맛, 쓴 나물,
씀바귀,
괴로워하다.

Our efforts create others' convenience, and happiness.

What is my attitude towards hard work?

What do I want to create with my efforts?

자신의 쾌락을 따르며 사는 사람은
다른 사람들을 위하여 희생하고
봉사하는 일의 가치를 모른다.

그러나 우리의 노고(勞苦)는
다른 사람들과 우리 자신의 행복을 창조한다.

지나치게 고(苦)를 사랑하는 것도 문제지만,
스트레스라는 괴물이 두려워
이를 멀리하는 것도 문제이다.

나와 우리의 고(苦)에 대한 적응성은
어떠한가?
그리고 무엇을 잉태하려고 하고 있는가?

欲

/ yù /

Want,
desire,
thirst,
hunger,
appetite.
욕 : 바라다.
하고자 하다,
하려고 하다,
기대하다,
원하다.

The relationship between desire and belief in business is confusing.
It depends on the conviction, temperance, quality of management, contents of thinking and behavior.

What beliefs and wants make me and us go forward?
What desires propel management?
How do I relate to this?

신념과 욕망과의 관계는 사람들을
복잡하게 만든다.
확신과 절제, 관리되는 정도에 따라서
생각과 행동의 질과 내용이 결정된다.

절제된 신념과 확고한 욕망을 가진 사람과
확고한 신념과 절제된 욕망을 가진 사람 간에는
일거수일투족이 다를 수 밖에 없다.

나와 우리는 어떠한 신념과 바램으로
이 사회에 발을 내딛고 있는가?

節

/ jié /
Joint,
constancy,
integrity,
principle,
chastity,
rule,
system,
moderate.
절 : 마디, 대,
뼈의 마디,
절개, 규칙,
제도

The moderation of behavior is the basic code of management activities.

If the spine is shaped obscurely, or the joints are shaped atypical, we might call it malformed.

What about my shape of systems and structure for the operation of our business?

Isn't it over-jointed, over-articulated, over-bended, or functionally disordered?

Do those systems want me to do wrong things?

How do I correct it?

행동의 절도는 경영행동의 기본이다.
우유부단은 경영의 해악이다.

척추가 불분명하거나, 마디가 굴절되어
제대로 기능하지 못한다면,
그것을 기형(畸形)이라고 부른다.

나(우리)의 절도는 어떠한가?
지나치게 다절(多節), 굴절되거나,
또는 잘못 기능하고 있는 것은 아닌가?

그것들이 또한 잘못된 것들을
소망하고 있는 것은 아닌가?

失

/ shī /
Lose,
miss,
be deprived off,
fault,
error.
실 : 잃다,
잘못, 지나침

The failure of management comes from everyone's business activities.
The wrong actions in business activities come from wrong wants.

What misleads me and us in my (our) business activities?
What are the checkpoints to control this?

Is it checked periodically?
Who should do this?

경영의 실패는 각 개인의 경영행동에서
비롯된다.
그릇된 경영행동은 잘못된 소망에서
비롯된다.

나와 우리의 경영행동을
잘못 이끌고 있는 것들은 무엇인가?
우리의 잘못된 소망들은
어떻게 점검되고 있는가?

그것은 주기적으로 점검되고 있는가?

누가 점검하고 있는가?
누가 점검해야 하는가?

空

/ kōng, kòng /
Empty,
vacant,
unoccupied,
free,
vain,
fruitless,
ineffective,
futile,
useless.
공 : 없다,
비다, 헛되다.
모자라다,
내실이 없다,
부질없다.

Why are strategic plans or management philosophies become part of the 'pie in the sky syndrome'?

Why do these kinds of syndromes happen in my organization?

Does it have control over me and us in our business systems?

Isn't it prevailing around us?

Who is making this? What for?

What can I do about it?

What will I do about it?

그림의 떡으로 끝나버리고 마는 전략계획이나
경영이념들은 어떤 것들인가?

왜 그런 일이 생기는가?
허상(虛像)을 좇아 맹목적으로 따르는 것은
아닌가?

그러한 허상이 나와 우리의 경영시스템을
제약하고 있는 것은 아닌가?

우리 주위에 그러한 허상이
만연되어 있는 것은 아닌가?

누가 그런 허상을 만들어내고 있는가?
그것은 무엇 때문인가?

이에 대하여 나와 우리는 무엇을 해야 할 것인가?

可

/ kě, kè /

Just,

right,

legal.

가 : 옳다,

쯤, 정도

The immoderate (intemperate) wants lead us to destroy the balanced behavior with too much strong desire.

But, lack of wants could fail to stimulate aggressive wills and activities, leading management to stalemate, standstill and lackluster performance.

If so, how far do I want to permit my(our) desire to go?

How are my(our) wishes juxtaposed with the customers' and society's wishes?

How do I manage the dynamics of this desire?

지나친 소망은 과잉의욕을 불러
균형적 행동을 파괴한다.
그러나 소망의 부족 또한 행동의 촉진을
불러일으키지 못함으로 인하여
경영행동의 답보와 퇴보를 유발한다.

그렇다면, 나(우리)는 어느 정도로
소망하고 있는가?

나 (우리)의 소망은 사회가 우리에게
바라고 있는 염원과
어떻게 결부되고 있는가?

그 소망은 어떻게 관리되고 있는가?

虛

/ xū /

Vacant,
emptiness,
hollowness,
nothing,
unpreparedness,
blind point,
vulnerable.
허 : 비다, 적다,
없다, 드물다,
준비가 없다,
약하다, 틈.

Nothing could stay still in dynamic changing space.

Even the vacant bowl is not vacant. It is filled with vacant space.

Even though a bowl filled with apples is filled with apples, it has lost its vacant space.

What is my wish bowl filled with?

What is unfilled with now?

Is it filled with the right wishes?

역동적인 세계에서는 그 어느 것도 그대로 정체되어 있을 수 없다.

빈 광주리조차도 비어 있지 않다.
빈 것으로 채워져 있을 뿐이다.

마찬 가지의 논리로 사과를 채운다면,
이번에는 광주리의 공간에 사과는 채워지지만,
빈 공간은 상실되어 버린다.

나(우리)의 소망에는 무엇이 채워져 있는가?
그리고 무엇이 비워져 있는가?

그것은 지금, 합당한 것인가?

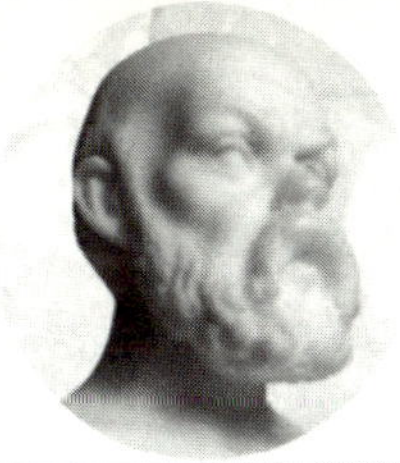

원칙
Principles

우리는 무엇을 사업행동의 근본으로 하고 있는가?
What are the fundamental principles in my and our business activities?

理

/ lǐ /
Reason,
justice,
principle,
truth.
이 : 다스릴 이(리),
다스리다,
처리하다,
구별하다,
다스려지다.
통하다,
사람이 순행하는
도리.

What are my basic criteria for operating the business?
Are these criteria right for the customer and the society?
When the criteria were set wrong, it would lead to wrong results.

Are my criteria right?
Right to what?

If so, what should I do next?

나와 우리는 사업수행에 대한
옳고 그름의 판단은
무엇을 기준을 삼고 있는가?
그 기준은 고객사회에 합당한 것인가?

기준이 잘못되면, 잘못된 결과를 유발한다.

우리의 기준은 합당한 것인가?
무엇에 합당한 것인가?

그렇다면, 이제 할 일은 무엇인가?

常

/ cháng /
Unchangeability, immutability, constancy.
상 : 항상, 법, 불변의 도, 사람으로서 해야 할 도.

What is valuable work?

Does the highly sophisticated work, like strategic management, seem more valuable?

If the job looks noble in external appearance, does that job look valuable?

Even though some jobs could look trivial, every part of our business has value for the customers and the society.

Do I pay serious attention to everyday's trivial work?

What are the new contents of trivial work in the near future?

무엇이 가치 있는 일인가?
고도의 전략경영의 논리를 깨우치고
고상하게 보이는 일을 하는 것이
가치 있는 일인가?

위대한 진리를 깨달을수록 사람을 낮춰보고,
오만해지는 것은 아닌가?

하찮게 보이는 고객과의 일상의 일들이 현실의 가치를 창조하고 있는 것이다.

가치 있는 삶은 평상(平常)의 마음(心)으로 완성된다.

나(우리)는 평상의
하찮게 보이는 일들을 존중하는가?

法

/ fă, fá, fà /
Law,
rule,
justice,
method,
way,
etiquette,
manners,
reason.
법 : 법, 예의,
도리, 모범,
본받다,
모범으로 삼다,
법을 지키다.
법대로 행하다.

Are my basic criteria superior or inferior to the societal ones?

Do our organization's criteria measure up to the wants and needs of customers and society?

Don't you want to have superior criteria than that of other industries and the society, and to be the leader in the society?

If so, what is our model of principles in business and management?

What are the contents and should they be modified or corrected?

What are my principles?

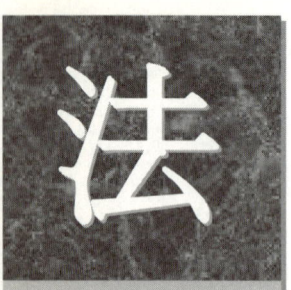

우리의 기준이 업계나 사회적 기준보다
떨어지고 있는 것은 아닌가?

우리의 기준이 고객과 사회가 원하는 내용보다
미흡한 것은 아닌가?

우리의 기준이 오히려 사회보다 탁월하게 되어,
사회를 선도하고 싶은 마음은 없는가?

그렇다면, 우리의 모범은 무엇인가?

새로운 모범은 어떤 내용과 어떤 형태로
구성되어야 하는가?

何

/ hé /
Why,
how,
what,
in what way,
in what extent.
하 : 어찌,
무엇,
얼마

Think of my business activities, way of doing business.

Why should we do this?
Where should we do this?
How should we do this?
What should we do?
Whom should we do this for?
Who should do this?
Why this?

나(우리)의 경영행동, 업무행동을 생각한다.

언제?
어디서?
무엇을?
어떻게?
누구를 위하여?
누가?
왜 하는가?

煩

/ fán /
Suffer,
feel pain,
be afflicted,
be worried,
be distressed.
번 : 괴로워하다,
번거롭다,
답답해하다,
괴롭히다,
귀찮다,
창피를 주다.

When confused or frustrated, think of the basic.

Why should I do this?

Why am I doing it?

If it is right, just and for the right aim, what should I modify for better results?

What is my duty for this?

답답한 일과 어수선한 일,
혼란스러운 일이 생기면,
근본을 생각하라.

우리(나)는 왜 이런 일을 하는가?
우리(나)는 왜 이런 일을 해야 하는가?

그 목적이 맞는 것이라면,
이 일을 더 행복하게
더 잘 하기 위하여
무엇을 고쳐야 하는가?

내가 반드시 고칠 것은 무엇인가?

示

/ shì /
Revelation,
heaven-sent,
manifest,
proclaim,
express,
teach,
inform.
시 : 보이다,
가르치다,
알리다.

The act of hypocrisy is no good.
Giving wrong information is misleading.

Do I give correct information?

Is it the right one?

Does my organization use the information correctly, inside the organization and outside?

그릇된 것을 알리는 것은
옳지 못한 행위이며, 위선이다.

우리는 제대로 알리고 있는가?
그것은 정확한 것인가?
올바른 것인가?

안과 밖에서

直

/ zhí /
Straight,
right thing,
correct.
직 : 곧다,
바른 도(道),
바른 행위,
고치다, 펴다,
억울함을 씻다.

Be honest to self. This is the first step:
to be honest to life and the Cosmos.

If one could not be honest to oneself,
one could not be honest to
customers, the organization, us,
and the society.

Am I honest every moment?

Are my business and managing
activities honest, too?

Am I perceived to be honest and
honorable?

자신에게 정직하라.
그것이 바로 인생과 우주에 대해
정직해질 수 있는 첫 걸음이다.

자신에게 정직해질 수 없다면,
고객과 우리, 그리고 사회에 대하여
결코 정직해질 수 없다.

나(우리)는 매순간 정직한가?
나(우리)의 경영행동은 또한 정직한가?

善

/ shàn /
The good,
goodness,
right to the
ethical criteria,
high,
virtue.
선 : 착하다,
착하고 정당하여
도덕적 기준에
맞다. 높다,
많다.

Every organization is for the good purpose to the society.

There is a view that man has conscience, but the organization does not, instead, it has only purpose.

But I have conscience, and my organization has, too; our customers have the same.

What are the principles of our business behavior? What should they be?

If we were to figure out the conscience of our company, what would it be?

Is my conscience aligned with my organization's?

If not, what will I do about it?

조직은 사람들이 목적달성을 위하여 모인
선의의 사회기관이다.
그런데 사회적 기관에
목적은 존재하되 인간적 양심은 없다?

나(우리)에겐 양심이 있다.
우리 고객 또한 양심이 있다.

양심이 있는 사람들간의 행동원칙은
어떠한 것이 되어야 하는가?

우리 기업의 양심을 그려본다면
어떠한 것이 되어야 하는가?
나의 양심은 조직의 양심과 어떻게 다른가?

만약 다르다면 무엇을 어떻게 해야 할 것인가?

則

/ zé /
A law,
a rule,
a good example,
exemplary.
칙 : 법칙, 곧,
법, 본받다,
모범으로 삼다.

What is the exemplary?

What is different between my model and that of our organization's?

Who is my exemplary person?

Is there anybody who set me as his/her example?

Is there anyone who has me as their mentor?

무엇이 모범인가?

나의 모범은 우리의 모범과 어떻게 다른가?
내가 모범으로 하는 사람은 누구인가?

혹시 나를 모범으로 하는 사람은 없는가?

精

/ jīng /
Pure,
intact,
sound.
정 : 쓿은 쌀,
자세하다,
면밀하다,
찧다.

Are you aware of the spirit of management?

Is my spirit, management's and our organization's awakened?

What is it doing?

What is the fundamental spirit of my business activities?

What does my company's spirit aim to achieve?

정신(精神)을 인지하고 있는가?

나와 우리
그리고 우리 조직의 (기업)정신은
깨어있는가?

나(우리)의 정신은 무엇을 하고 있는가?

나(우리)의 경영행동은
어떤 정신을 토대로 하고 있는가?

나(우리)의 기업정신은 무엇을 지향하고 있는가?

本

/ běn /
Root,
base,
origin,
fundamental,
main,
chief,
head,
real,
regular,
principal.
본 : 밑, 뿌리,
근본, 근원,
기원, 기초,
바탕, 소지.

The man of virtue strives to do his best on his basic duties: if the basic duties are accomplished fully, he could find the way in new adversities.

What are my basic duties in doing business?

What are the basic duties of our business?

What should be the basics of our future management?

논어(論語)에
군자무본, 본립이도생(君子務本, 本立而道生)
이라는 말이 있다.[1]

나의 본(本)은 무엇인가?
우리 업무의 본(本)은 무엇인가?

그렇다면, 미래의 우리 경영의 본(本)은
무엇으로 기초를 삼을 것인가?

君子務本, 本立而道生.
군자는 우선 해야 할 근본적인 일에 힘써야 한다.
근본을 바로 세워야 나아갈 길이 확립되는 것이다. (孔子, 論語)

度

/ dù, duó /
Law,
regulation,
system,
degree,
proof,
measure,
limit.
도 : 법도, 제도,
기량, 국량(局量).
물건의 길이를
재는 기구

What do I set my standard to be?

How is my behavior, if I evaluated it?

How would I lead, if I led myself instead of my boss?

Would I follow the same way as that of my boss's?

How do I evaluate my business performance, if I stand on the customers' viewpoint and standards?

Do I perform at the customer's standard?

Do we have the same standards?

Are these standards the same as that of management's? How are they different?

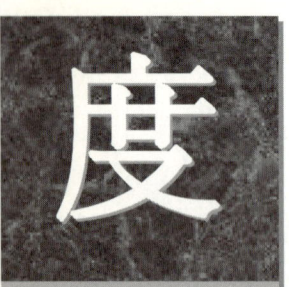

나는 무엇으로 기준을 삼을 것인가?

나의 행동을 내가 평가한다면,
어떻게 평가하겠는가?

나를 나의 상사가 아닌 내가 리드한다면,
어떻게 리드하겠는가?

나는 어떠한 자세로 상사를 보좌하는가?

우리의 고객입장에서 나의 업무를 평가한다면,
어떻게 평가하겠는가?

그러한 기준으로 나의 업무를 수행하고 있는가?

道

/ dào /
Duty,
moral doctrine
(principle),
justice, truth,
reason, morality,
an art, craft, way,
accomplishment.
도 : 길, 이치,
근원, 근본, 사상,
덕행(德行),
행정(行程),
정령(政令),
인의(人義), 방법.
마땅히 지켜야
할 도리.

Is there a moral doctrine in our management?

There are many ways to reach the goals. Which way are we doing it?

What is the purpose of business and management?

Are my business activities right for the purpose?

Could this purpose justify my business behavior?

경영에 도(道)가 있는가?
목적달성에 이르는 길은 많다.
어떤 길로 가고 있는가?

경영의 목적은 무엇인가?
나의 경영행동은
그에 합당한 것인가?

그 목적이 경영행동(수단)을
정당화할 수 있는가?

신념과 책임
Beliefs and Responsibilities

무엇을 완수하고자 하는가?

What do I want to accomplish?

信

/ xìn /
Trust,
truth,
clarify,
sincerity.
신 : 믿다, 진실,
분명히 하다.
믿음성이 있고
성실함

Do my team members believe it is right when I believe that something is right?

Do I believe the same as they do?

Does management believe that something is right with the same intensity as the customers and society do?

Do I do my best to satisfy our customers, meeting their standards and expectations?

Can I do something better?

What would that be?

Why don't I do it now?

이것은 옳다고 내가 믿고 있는 것을
우리 동료들도 옳다고 믿는가?
우리 동료들이 옳다고 믿는 것을
나도 옳다고 믿는가?

이와 마찬가지로 고객이 옳다고 믿는 것을 우리도
옳다고 믿는가?

그렇다면 고객과 이해관계인들이 더 이상
염려하지 않아도 될 정도로
우리는 우리의 책임에 완전을 기하고 있는가?

내가 좀더 잘 할 수 있는 것은 없는가?
그렇다면 왜 지금 그것을 하지 않고 있는가?

/ biăo /
Tabulate,
tabularize,
express,
clarify.
표 : 겉, 거죽,
나타내다,
드러내다,
밝히다,

How do we express our business philosophy?

Do I perform the philosophy the same as it is expressed?

What is my and management's reality of this?

Is there any gap between what I said and what I do?

Even though there is some gap, do I openly ignore it?

Why?

우리는 우리의 경영철학이나
의도, 약속을 어떻게 나타내고 있는가?
그것을 정말로 수행하고 있는가?

나와 우리 조직의 진면목(眞面目)은
어떠한 것인가?

겉과 속이 다른 것은 아닌가?

표리가 명백히 다름에도 공공연하게
사실처럼 여기는 것은 아닌가?
그러한 행동들은
나와 우리, 사회, 세계에 어떠한 결과를
유발하고 있는가?

왜 그렇게 하고 있는가?

自

/ zì /

(by, for) oneself,
naturally,
from.

자 : 스스로,
몸소,
자기,
자연히,
저절로.

Is my behavior and thinking appropriate to my business activities?

What is leading me?

Could I be the example in our business?

Is there a gap between my behavior and thinking as to where we are and what we need to do to make the customers and the society better and happier?

What does management do about it?

What do I do about it?

나의 행동과 사고(思考)는 내가 맡고 있는
나의 업무수행에 적합한가?
무엇이 나를 이끌고 있는가?
나는 우리 사업수행의 모범이 될 수 있는가?

나의 행동과 사고는
우리와 우리를 기대하고 있는
사회를 행복하게 만들기 위하여
부족함이 없는가?

우리의 경영은 어떠한가?
그에 대하여 나는 무엇을 하고 있는가?

/ wǒ /
I,
we,
perversity,
Stubbornness
아 : 나, 우리,
외고집 .

What am I and who are we?

What are the things that I care and am really serious about?

Am I respected from peers? Management? Customers? The society?

What should I do if I want to be respected more?

What could I do if I do not get the results I want?

Do I have the heart to start over?

나와 우리는 누구인가?
우리가 정말로
소중하게 생각하는 것은 무엇인가?

우리가 정말로 노력과 열정을 다하여
만들어 내는 것은 무엇인가?

나는 우리, 경쟁자, 고객, 사회로부터
존경 받고 있는가?

이 사회 속에서 우리는 정말로
가치 있는 존재로 인정받고 있는 것인가?

좀더 환영 받는 존재가 되고자 한다면
무엇을 더 노력해야 하는가?

記

/ jì /
Write,
record,
description,
remember,
document.
기 : 기록하다,
적다, 외다,
글, 문서

What's in history?
To write makes the history.
What am I writing in doing business?
How could I share my thoughts and writings with others?
What a wonderful future history shall be realized on what I am writing now?

What will be the evaluation from my descendents on my present efforts and performance?

역사(歷史)란 무엇인가?
기록하면 역사가 만들어 진다.

나는 사업과 일을 수행하면서
무엇을 기록하고 있는가?
그 기록을 어떻게 누구와 활용하고 있는가?

우리가 지금 기록하는 미래의 역사는
어떤 것이 될 것인가?

우리의 후손은
지금의 우리의 노력에 대하여
어떻게 평가할 것인가?

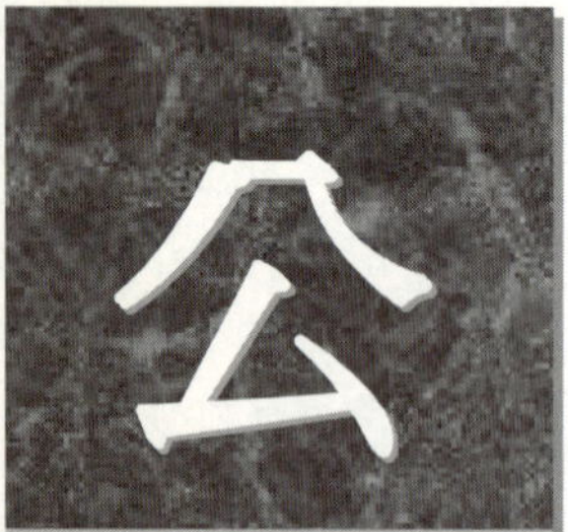

/ gōng /
Public.
공 : 숨김없이 드러내다.
개인적인 것이 아닌 사회일반의 많은 사람들과 관계되는 것.

In the part, there is a whole: that is a holistic view.

What is the relation between management, the society and me?

If every 'I' of the rest of the organization or of the society didn't do the right thing, what will happen?

What kind of public do I want?

What do I do about it?

작은 부분 안에 전체가 포함된다.
이를 부분의 전체적 관점이라고 한다.

경영과 사회 그리고 나와의 관계는 어떠한가?
나(私)와 우리, 또는 사회(公)는 다른 것인가?

우리의 또는 사회를 구성하는
모든 각각의 개인들이 잘못된다면
어떠한 결과를 가져오겠는가?

어째서 공(公)을 위한 활동이
종종 공(空)으로 변모하는가?

우리의 공(公)은 정녕 어떻게 되어야 하는가?

나는 그것을 위하여 무엇을 해야 하는가?

行

/ xíng, háng /
Do,
go,
move,
work,
give.
행 : 가다,
나아가다,
움직이다, 쓰다,
베풀다, 일하다.

What is my trace in every business activity?

What should be done in the next future?

Is there dishonor or shameful actions in my business?

Did I do anything causing inconvenience or unpleasantness to the company, customers or to the society?

Are my actions designed to give happiness to others?

What is my reality on this?

Do I attain it? Why not?

일과 사업에서 그동안 우리의 행보는
어떠한가?
앞으로는 어떻게 되어야 하는가?

안과 밖에서 이루어지는
우리의 일거수일투족은
부끄러움이 없는가?

불편함을 제공한 적은 없는가?

나의 행동과 업무추진은 다른 이들에게 행복을
제공하고 있는가?

나의 행동의 실제는 어떠한가?

제대로 하고 있는가?

왜 그렇게 하지 못하고 있는가?

나와 회사, 그리고 사회

Company, the Society and I

나의 행동이 사회의 성과를 결정한다.
지금 나는 무엇을 하고 있는가?

The performance of the society is determined by ‘my’ every behavior.
What I am doing now?

見

/ jiàn, xiàn /
See,
look,
be awakened,
opinion.
견 : 보다,
생각해보다,
마음에 터득하다,
보는 바,
소견, 생각.

What I see, what I think and what I do determine the future of our company and society.

What am I looking at now?

And how?

Am I critically positive about it?

내가 보는 것과
내가 생각하는 것과
내가 행동하는 것
그것이 모여서
우리 조직과 이 사회의 미래를 결정한다.

그렇다면 나는 지금 무엇을 보고 있는가?

어떻게 보고 있는가?

功

/ gōng /
Exertion,
efforts,
labors,
work,
job.
공 : 공, 공로,
일, 직무.

How precious are my exerted efforts which are used to improve customers' satisfaction?

Do I labor in thinking about this?

How much do my efforts provide satisfaction and happiness to customers and the society?

내가 기울인 품과 노력
우리가 힘을 모아 기울였던 품과 노력이
고객과 사회를 위하여
얼마나 귀중한 것인가?

이것을 생각해본 적이 있는가?

고객과 사회, 그들의 기쁨과 행복을 위하여
나는 지금 얼마나 노력하고 있는가?

觀

/ guān /
Look at,
see,
watch,
look carefully.
관 : 보다, 보이다,
자세히 보다,
나타내다.
체계화된
나름대로의 견해

My vision is precious to management and the society;

Our vision is equally as precious to the society's and mine.

How could we find the right way to harmonize the different visions between management's, society's and mine to better contribute to each other?

What is my vision of the client?

Is it the same as management's?

나의 관(觀)은 소중한 것이다.
마찬가지로 우리의 관(觀) 또한
기업과 고객, 사회에 대하여 소중한 것이다.

어떻게 하면, 나와 우리의 관(觀) 이
참되어
이 사회에 제대로 기여할 수 있을까?

나의 고객에 대한 나의 관(觀)은 어떠한 것인가?

우리의 고객에 대하여
우리 조직도 같은 관(觀)으로 대하고 있는가?

覺

/ jué, juào /
See,
perceive,
realize,
comprehend,
find the true
philosophy.
각 : 깨닫다,
깨우치다,
터득하다,
깨달음,
도리를 깨달아
아는 것.
본원(本源)을
깨달아 아는 경지.

What is profit?

What is profit making?

What is devotion to the welfare of mankind?

Can I assure that my knowledge and wisdom are truly whole?

What are the boundaries of my knowledge?

Isn't there an occasion that I had been bound by the existing knowledge?

What are the criteria for the welfare of mankind?

이익(利益)이란 무엇인가?
홍익(弘益)은 이익과 어떻게 결부되는가?

지금 깨우친 지혜는 온전한 것인가?
그동안의 지혜가
오히려 자신을 옭아매는 일은 없었는가?

새로운 등장하고 있는 패러다임들은
우리의 깨우침과 어떤 관계가 있는가?

그러면
우리의 수익지표를 홍익지표로 환산한다면
어느 정도라고 할 것인가?

解

/ jiě, jiè, xiè /
Solve,
understand,
open,
acknowledge,
permit,
section,
set free.
해 : 풀다, 가르다,
해부하다,
벗기다, 이해하다,
납득하다, 깨닫다.

Do I fully understand the customers' wants?

Is it the same as what management wants?

What are the contents of our understanding?

Do my business activities represent what the society wants?

How could I satisfy the new customers' and the society's needs?

How can I solve this?

지금 우리가 납득(納得)하고 있는 것은
무엇인가?

사회가 요구하고 있는 것을
충분히 반영하고 있는가?

조만간 당면하게 될 요구조건들은 납득되었는가?

새로운 고객니즈(사회니즈)의 탐구는
어떻게 해결할 것인가?

거기에서 나는 무엇을 할 것인가?

法

/ fă, fá, fà /
Law,
rule,
justice,
method,
way,
etiquette,
manners,
reason.
법 : 법, 예의,
도리, 모범,
본받다,
모범으로 삼다,
법을 지키다.
법대로 행하다.

Don't divide the subject and the object.

Don't divide the light and the dark. Light and darkness have different forms, but originate from the same source.

Who is my customer?

Look around where you are standing now. Where are the customers and the society?

Do not discriminate between the company, customers and me as others do.

My job is not to discriminate but to contribute.

If I couldn't be satisfied with my services, would the customers be satisfied with my services?

주(主)와 객(客)을 나누지 말라.

빛과 어둠을 나누지 말라.
빛과 어둠은 형상은 다르지만 하나에서 출발한다.

나의 객(客)은 누구인가?
사무실을 둘러보라! 객장을 둘러보라!
여기에 객(客)이 어디 있는가?

나와 우리, 타인으로서의 고객을 나누지 말라.
우리가 해야 할 일은 주와 객을
구별하는 것이 아니라
일을 통하여 봉사하는 것이다.

내가 정말로 만족할 수 없는 제품이라면,
고객이 어떻게 만족할 수 있겠는가?

像

/ xiàng /
Shape,
form,
image,
vision,
reflection.
상 : 형상, 형체,
본뜬 모양, 닮다.
빛의 반사,
굴절로 인하여
생기는 물체의
형상(실상과 허
상이 있음.)

What reputation do I have in my(our) business activities?

What image does my company have in business?

Does it look good?

Does it work as expected?

What is the reality of the reflection?

Don't you want to change it to better contribute in this global village?

How?

나는 어떤 모습을 하고 있는가?

나와 우리 조직은 사업의 수행과
실천행동을 함에 있어서
어떤 모습을 하고 있는가?

그 모습은 아름다운가?

그 모습 속의 참 모습은 또한 어떠한가?

이제 새롭게 만들지 않겠는가?

關

/ guān /
Cross bar,
locker,
border.
관 : 빗장, 닫다,
자동장치, 잠그다.
경계간의 연결을
이루는 곳.

What are my business relations?
Whom do I have relations with?
How do I expand these relations?
What binds me? us?
How do I manage the bindings and the relations?

What should I change in my relations in terms of my counterparts, the way, the speed, and the openness?

우리는 누구와 무엇과 관계하는가?
무엇을 닫고 있으며
무엇을 열고 있는가?

무엇이 속박하고 있는가?

열린 미래를 위하여 나와 우리는
사회와 고객, 그리고 이해관계인들과의 관계를
어떻게 관리해나갈 것인가?

대상과 내용, 방법, 정도, 신속성,
개방성에 대하여 무엇을 바꿔야 할 것인가?

경영과 나
Management and I

나의 경영행동은 어떠한가? 나와 회사, 그리고 사회에 참으로 도움이 되고 있는가? 또한 그것은 진화하고 있는가?

What is our management behavior?
Is it helpful to me, to my company and the society?
And is it evolving now?

成

/ chéng /
Succeed,
make.
성 : 이루다,
이루어지다,
정하여지다.

What do I want to accomplish in this business?

Why?

How could I succeed in this?

What do I need to succeed?

우리는 무엇을 이루고자 하는가?

왜 이루고자 하는가?

그리고 어떻게 이루어야 하는가?

성공을 위하여 내가 해야 할 일은 무엇인가?

心

/ xīm /
Heart,
mind.
심 : 마음,
심장, 가슴.
(무.배추 따위의)
속에 든 질기고
여문 부분

There is a core theme in management in its heart and mind.

If I could not read the other's heart wave, I could not be called a professional.

Do I read the true wave of my heart?

Do I read the team members', management's, the customers' heart wave and the wave of the society?

마음을 제대로 읽지 못한다면,
참다운 경영이 아니다.

나는 나의 참마음을 읽고 있는가?

동료의 참마음, 고객의 참마음
사회의 참마음을 읽고 있는가?

業

/ yě /
Karma,
job, work,
study,
beginning,
fundamentals.
업 : 업, 일,
직업, 학문,
기초, 시작

The job is constructed with the intent, the plan, the programmed procedure and the implementation.

Thus, the improvement of my job should be in the present job content, if I want my job to evolve.

What specifically do I do to improve my job?

우리의 업(業)의 구조는
의도 또는 계획과 그 실행으로 구성되어 있다.

따라서 업의 진화에는
그 업을 구성하는 의도, 계획의 품질이
좋아져야 하고,
그 실천의 품질 또한 좋아져야만 한다.

나(우리)의 업의 진화를 위하여
구체적으로 무엇을 하고 있는가?

潔

/ jié /
Temper,
spirit,
disposition,
to behave.
결 : 깨끗하다,
품행이 바르다,
몸을 닦다.

The enhancement of both strengths and weaknesses is important for business.

But a more important thing is to enhance my basics.

The basics of management activities are that I should run my business under the pure spirit and principals of management both in the inside and the outside of the organization.

What is the reality of the present?

What are my management and business activities?

강점을 더욱 강화하는 것과 약점을 보강하는 것 –
이 두 가지가 모두 중요하다.

그러나 더욱 중요한 것은
기본을 굳건히 하는 것이다.

경영행동의 기본은
바르고 깨끗한 정신과 원칙이
안과 밖에서 제대로 굴러가는 것이다.

우리의 실상은 어떠한가?

또한 나의 경영행동은 어떠한가?

擇

/ zé, zhái /
Choose,
select.
택 : 가리다,
고르다.

There are two fallacies in any choice;
the fallacy in the selection itself,
and the fallacy to not select.

If so, what do I select to do today and tomorrow?

How do I select?

Why do I select this?

선택에는 두 가지의 오류가 있다.

첫 번째의 오류는
선택 그 자체에서 발생하는 오류이고

두 번째의 오류에는 선택하지 않은 것에 따라
발생하는 오류이다.

우리는 무엇을 선택하고
무엇을 선택하지 않고 있는가?

내일,
나와 우리는 무엇을 어떻게 선택할 것인가?

心

/ xīm /

Heart,

mind.

심 : 마음, 심장,

가슴.

(무.배추 따위의)

속에 든 질기고

여문 부분

The fundamentals of strategy are in my heart and that of others.

If so, whose heart will I read? Mine or others'?

How could I read the others' heart with mine?

전략은 그 근본이 마음에 있다.

그렇다면 누구의 마음을 읽을 것인가?

어떤 마음으로 읽을 것인가?

私

/ sī /
Personal,
self,
private,
secret,
desire.
사 : 자기, 개인,
불공평, 비밀,
은밀히,
마음속으로,
사사로운 욕망.

There are the seven forbidden 'personal private things' in the business place: personal selfish motive, personal desire, personal undue profit, personal greed, personal private work, personal private usage and personal activities.

What do I yield and what do I endure?

Does it feel hard to do this?

Which is a better way to overcome this?

참다운 경영행동을 위하여 참아야 할
7가지의 사적인 것은 다음과 같다.

私心, 私利, 私慾, 私感, 私務, 私用 그리고 私行.

우리는 무엇을 참고 있는가?
그것을 참는 일이 힘겹게 느껴지는가?

그렇다면
이를 극복하기 위하여 무엇을 해야 하는가?

忍

/ rěn, jên /

Patience,
tolerance,
forgiveness.

인 : 참다,
견디어내다,
용서하다.

There are the 12 unbearable 'I's in business: irresponsibility, insincerity, inability, indifference, inattention, improbity(dishonesty), immorality, inadvertence, irregularity, inefficiency, irrationality and illegality.

Am I immune to these?

How do I face each one of them?

What do I do when these happen around me?

What do I do when these happen around me, directly affecting me?

What is my level of intolerance?

인내는 중요한 덕목이다.
그러나 참다운 경영행동을 위하여
우리가 참아서는 안 되는 것이 있다.
그것은
사무(四無) 사불(四不) 사비(四非)이다.

無責任, 無誠意, 無能力, 無關心 (四無)
不注意, 不正直, 不道德, 不誠實 (四不)
非正常, 非能率, 非協力, 非合理 (四非)

우리는 이러한 것들에 대하여 제대로
대응하고 있는가?

그렇지 못하다면, 어떻게 하고 있는가?

謙

/ qiān /
Modesty,
diffidence,
reduce.
겸 : 겸손하다,
공손하다,
덜다, 감하다.

Even if my idea is looking great, it is too tiny when watching it from a helicopter sky high.

Don't be so arrogant with my *special* idea or position.

In the customer's view, it can be quite a common, normal approach.

Do I understand the customer's distinctive and intelligent viewpoint?

나의 아이디어가 아무리 좋아 보여도
우주에서 보면 한갓 먼지에 지나지 않는다.
'기발한' 아이디어가 있다고 해서
교만해지지 말라.

고객이 볼 때에는 그것도 그저 당연한 것에
지나지 않는다.

우리는 고객의 관점을
명확하게 이해하고 있는가?

자기자만의 신드롬에 빠져 있지는 않은가?

좀더 잘 해내려면 무엇을 더 해야 하는가?
보다 나은 사회적 성과를 거두려면
나(우리)는 무엇을 더 해야 하는가?

對

/ duì /
Face,
opposite,
against.
대 : 대(對)하다,
대답하다,
상대하다.
짝, 상대.

How much effort do I exert to do this?

What do my competitors prepare for the future?

Who are my competitors?

Are my colleagues and management working with me or against me? Why?

Do I follow the fair rules of the game?

How could I manage the network for co-prosperity with the competitors?

무엇을 위하여 이 일을 하는가?

우리의 경쟁자들은 장래를 위하여
무엇을 하고 있는가?

나의 경쟁자는 누구인가?

동료와 경영진과의 관계는 어떠한가?

나는 공정한 경쟁원칙을 준수하고 있는가?

이해관계인들과의 공영(共榮)의 네트워크는
어떻게 관리되고 있는가?

경쟁자 그룹과 공생적 번영을 위한 관계를
관리할 수 있는가?

心

/ xīm /
Heart,
mind.
심 : 마음,
심장, 가슴.
(무.배추 따위
의) 속에 든
질기고 여문
부분

How do I operate business and with what kind of mindset?

Where was my heart yesterday?

Where was my mind yesterday?

What is my mindset today?

At what state will my mind be tomorrow?

Where will my heart be?

Without knowing the customer's mindset, how could I satisfy the customer's needs?

What strategic approach could I formulate without taking into consideration management's mindset?

우리는 어떠한 마음으로 기업활동을 하는가?

어제의 마음은 어떠했는가?
오늘의 마음은 어떠한가?
내일의 마음은 또한 어떠할 것인가? [1]

우리의 마음도 제대로 모르고
고객의 마음도 제대로 모르는데
어떻게 고객 니즈를 충족하겠다는 것인가?

무슨 전략을 어떻게 수립하겠다는 것인가?

1) 過去心不可得 現在心不可得 未來心不可得
金剛般若波羅蜜經 一體同觀分 (第 十八)

勝

/shèng, shēng/
Victory,
come out,
emerge,
outstanding.
승 : 이기다,
낫다, 뛰어나다,
뛰어난 것.

They respect the excellent.

But being better requires more effort and the virtue of modesty for the excellent next leap.

Championship is tempered by responses that strive to ceaselessly challenge in doing my best.

What is my behavioral posture of management and business.

What is missed?

What is the next target to reinforce my competence and capabilities?

뛰어난 것은 존중 받는다.
그러나 뛰어난 만큼 새로운 도약을 위한 겸용과
배전의 노력이 요구된다.

챔피언십은 부단한 도전에 최선을 다하여
대응하는 자세에서 단련이 된다.

나와 우리 기업의 경영자세는 어떠한가?

무엇이 결여되어 있는가?
무엇을 단련시켜야 할 것인가?

能

/ néng /
Can,
able,
capability,
competence,
be crazy for.
능 : 능하다,
잘하다,
보통 이상으로
잘하다, 미치다.

Which are my capabilities and competences?

Which are the competencies of the competitors?

Are these fully exercised?

Being crazy for something leads to seeking the outmost to achieve it.

Am I crazy for my business? Are we?

Do I take great pains to do my best to improve my performance?

Does management recognize this? If not, why not?

내(우리)가 특히 잘하는 것이 있는가?
그것이 충분히 구현되고 있는가?

한 가지 일에 미치면 세계제일의 제품 서비스도 불가능한 것이 아니다.
우리는 일에 미쳐 있는가?
얼마나 미칠 수 있는가?

그것이 혹시 두려워서 최선을 다하지
못하는 것은 아닌가?

더욱 잘하기 위하여 나와 우리는
특별한 노력을 기울이고 있는가?

우리의 경영관리자들은 이에 대하여
제대로 인식하고 있는가?
그렇지 않다면, 그것은 어떠한 이유에서
그러한가?

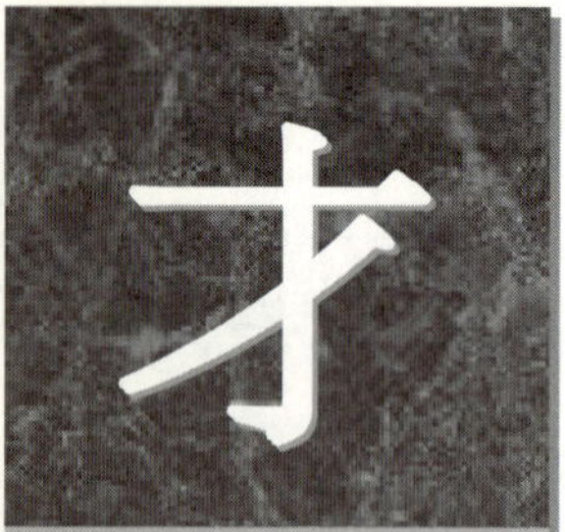

/ cái /
Talent,
able,
art,
basic,
origin.
재 : 재주,
재능이 있는
사람,
기본, 근본

What kind of talents do I have?

What abilities do my colleagues and company have?

Do I try to fuse them into new capabilities?

What do I do to achieve this?

Do I exert to provide the special operational management or business talent?

Do I have talents above the average social and accepted ones?

What do I do to overcome the gaps of our capability with the requirements of the environment?

우리의 재능에는 어떠한 것들이 있는가?
우리의 동료, 조직은 어떤 역량을 가지고 있는가?
우리의 재(才)를 융합시키기 위한
노력을 기울이고 있는가?
이를 위하여 나는 무엇을 하고 있는가?

사업경영에 필요한 독창적인 재능이나
비상한 사업수완을 높이기 위하여
내가 특별히 노력하고 있는 것이 있는가?

사회적 평균재능의 수준을 능가하는
재능을 갖추고 있는가?

우리의 재능의 한계를 극복하기 위하여
나와 우리는 무엇을 하고 있는가?

賢

/ xián /
Wise,
clever,
intelligent.
현 : 어질다,
어진 사람,
착하다,
선량하다,
지혜와 덕행이
뛰어난 사람.

There are various people who are not wise.

There are various actions which are not wise.

There are various companies that are not wise.

But there are wise people, wise actions, and wise companies.

What should I change now?

If I don't know how to do it, what do I do about it?

현명하지 못한 사람들
현명하지 못한 행동들
현명하지 못한 기업들이 있는가 하면

현명한 사람들
현명한 행동들
현명한 기업들이 있다.

우리는 어떠한 기업인가?
나는 어떠한 사람인가?

보다 현명하게 되고자 한다면
나와 우리는 무엇을 바꿔야 할 것인가?
그 방법을 모른다면,
나는 어떻게 할 것인가?
앞으로는 어떻게 해야 하는가?

備

/ bèi /

Ready, preparedness, preparations, furnish.
비 : 갖추다, 갖추어지다, 준비.

What do I prepare for the future?

What should my preparedness be and how should I prepare for the future?

What do I do about this everyday?

Does management operate in the past, present or future?

Are we ready for the future?

What do we need to do?

What is my doing in it?

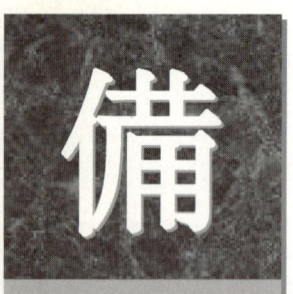

나와 우리는
우리의 미래를 위하여 무엇을 갖추고 있는가?

무엇을 예비하고 무엇을 유보할 것인가?

나는 이를 위하여
매일 얼마나 노력하고 있는가?

우리의 경영활동은 과거와 현재, 미래 중
어디에 중점을 두고 있는가?

우리는 미래를 맞이할 준비가 되어 있는가?
우리가 해야 할 것은 무엇인가?
나는 그 중에 무엇을 하고 있는가?

正

/ zhēng /
Right,
morally good,
fitting.
true,
correct,
remedy.
정 : 바르다,
바로잡다.

The core of culture is everybody's behavior.

The core of behavior is everybody's thinking.

Our organizational behavior is depended on my behavior.

My and my company's behavior lead the society.

If so, what leads mine, our organizational and our organization's behavior?

나의 행동이 우리의 조직행동을 좌우한다.

우리의 조직행동이 사회를 이끌어 간다.

그렇다면 나의 행동은 무엇이 이끌어 가는가?

戰

/ zhàn /
War,
fight,
compete.
전 : 싸우다,
싸움, 전쟁,
두려워서 떨다.

There are the 10 basic questions in formulating strategy:

When?
Where?
What?
How?
Who?
What procedure?
Whom and who for?
Using what?
Till when?
Why?

Which are my questions in formulating myself?

전략에는 10가지의 핵심적인 질문이 있다.

- 언제,
- 어디서,
- 무엇을,
- 어떻게,
- 어떤 절차로,
- 누구를 위하여,
- 누구와 누가,
- 무엇을 가지고,
- 언제까지, 그리고
- 왜 하는가?

변화와 혁신
The Change and Innovation

변화는 더 이상 새로운 것이 아니다.

변화가 새롭게 느껴지는 것은 변화의 속도감이 예전보다 다르게 느껴지기 때문이다.

나와 우리는 사회의 변화를 적극적으로 수용하고 그에 합당하게 대응하고 있는가?

Change is no more the new.

The reason it looks different is due to the difference of the sense of the speed of change.

Do I accept and respond properly to changes of my environment?

Do I respond timely to changes in my business?

業

/ yě /
Karma,
job,
work,
study,
beginning,
fundamentals.
업 : 업, 일,
직업, 학문,
기초, 시작

What do I do in this business?

What do we do in this company?

Is our performance accepted and welcomed by the society?

Is it evolving with time?

What do we do to be part of the society?

What is my contribution in being part of the society?

Do I need to rethink my fundamentals?

나는 무슨 일을 하고 있는가?
우리는 무슨 일을 하고 있는가?

우리가 하는 일은 이 사회에서 정말로
환영 받는 일을 하고 있는가?

그 일은 시간의 흐름에 따라 진화하고 있는가?

우리는 이 사회 속에서 어떠한
역할을 수행하고 있는가?
우리가 기여하고 있는 것은 무엇인가?

나와 우리가 추구하고 있는 일에 대하여
근본적으로 재검토해야 하는 것은 아닌가?

骨

/ gŭ /
Bone,
strong,
nature,
structure.
골 : 뼈,
됨됨이, 굳다,
강직하다.

What is our business structure?
What is my function in it?
Does it work properly?

Doesn't the present wrong structure hinder my business functions from working properly?

Does it come from my weak minded business will, or from somewhere else?

Where else?

나와 우리의 사업의 골격(structure)는
어떻게 구성되어있는가?
그 안에서 나는 원활히 기능하고 있는가?
정말로 제대로 기능하고 있는가?

잘못된 골격이 사업의 주요한 기능을
억압하고 있는 것은 아닌가?

혹시 그 잘못이 희미한 정신이나
박약한 의지에서 비롯되고 있는 것은 아닌가?

新

/ xīn /
New,
novel,
recent,
modern.
신 : 새로운,
처음으로,
새롭게.

Can I see the novel, the new, the different?

It comes to those who can see and attacks those who can't see.

How could I see the novel things?

What can I do to make me see the novel things?

Does management seek to find the novel?

What is the state of management's myopia in interpreting and assessing the new?

보라!
보이지 않는가?

이것이
보이는 자에게는 다가오고
보이지 않는 자에게는 덮쳐온다.

어떻게 보이는가?

새로운 것이 오는 것을 어떻게 알 수 있는가?
새로운 것을 파악할 수 있도록 하기 위하여
내가 무엇을 해야 하는가?

우리의 경영은 새로운 것을 추구하고자
노력하는가?

새로운 것을 이해하고 평가할 때 등장하는
경영 근시안에는 어떠한 것들이 있는가?

月

/ yuè /
Moon,
month.
월 : 달,
광음(光陰),
달을 세는 단위

The moon changes its appearance daily.

When it increases its face and gets to be full, it starts to decrease.

What are my decreasing and increasing things which change irregularly or periodically?

Which are the trends of our business performance?

What is the response from our customers and the society?

달이 차면 기운다.

우리 조직에서는 무엇이 차고 무엇이 기우는가?

내 자신에게는 어떤 것이 차고 기우는가?

그 주기를 관리해보려고 하고 있는가?

우리의 성과는 어떻게 변화되어가고 있는가?

고객과 사회는 우리에게 어떻게 차고
어떻게 기우는가?

그에 대하여 어떻게 대응하고 있는가?

嫌

/ xián /
Abhorrence,
hate,
averse,
detest,
loathe.
혐 : 싫어하다,
혐오하다,
의심하다,
불만스럽다.
불평하다.

What are the things in my(our) business that customers hate?

Which are the things I hate?

What are the reasons to hate?

Should my actions be selective by likes-or-dislikes?

Why should my options be guided by them?

Who are my gurus who could tell me unpleasant words anytime to correct of my behavior and way of thinking?

고객이 싫어하는 것은 무엇인가?
내가 싫어하는 것은 무엇인가?
우리가 싫어하는 것은 무엇인가?

싫어하는 합당한 이유가 있는가?

나와 우리의
행동이 싫고 좋음에 따라 좌우되어야 하는가?

나의 반면교사는 누구인가?

变

/ biàn /
Change,
alter,
modify,
amend,
shift,
vary.
변 : 변하다,
달라지다,
변경하다,
옮기다,
바꾸다,
움직이게 하다.

There is distinct purpose and means in change.

If I agree with the purpose and the means, but could not change the way I do business, what is the reason?

If the inner parts change but the outer parts don't, what will happen?

If the inner parts don't change but only the outer parts do, what will happen?

When was the last time I consciously sought change?

How did it happen?

변화에는 명확한 목적과 수단이 있다.
만약 목적과 수단에 동의하면서도 변화되지
못한다면, 그것은 무슨 이유에서일까?

만약 속은 변화하지 않고
겉만 변화하면 어떻게 될까?

그 반대는 어떠할까?

가장 최근에 내가 의식적으로
변화를 추구한 것은 언제인가?
어떻게 하여 변화를 추구하게 되었는가?
그래서 어떻게 되었는가?

改

/ gǎi /
Change,
correct,
modify.
개 : 고치다,
바뀌어지다,
고쳐지다.

There are procedures and ways to solve problems.
How do I manage problem-solving?

When I shift problems to others, they might not get solved and more organizational efforts could be needed due to untimely responses.

Do I shift problems to others?

Why do I do it?

Do I take someone else's problems?

Why?

문제를 해결하는 데에는 방법과 순서
그리고 시기가 있다.
나(우리)는 산적해가는 문제를
어떻게 해결하고 있는가?

내가 해결해야 할 문제를 옆으로 넘기면,
문제는 해결되지 않거나
또는 더 큰 노력과 시간이 필요하게 된다.

나(우리)의 문제를 방치하며
다른 사람들에게 미루는 것은 아닌가?

내가 다른 사람의 문제를
떠안고 있는 것은 아닌가?

向

/ xiàng /
Toward,
to.
향 : 향하다,
바라보다,
구(求)하다.

Forwards and backwards, top and bottom, future and present, present and past, products and services, markets and customers, seeds and needs, haves and have-nots, good company and bad company, wise company and dull company, thinking without thinking…

What am I heading towards?
Where am I heading towards?

앞뒤, 좌우, 상하,
미래 · 현재 · 과거,
제품, 서비스, 시장,
사회, 세계
갖춘 사람, 못 갖춘 사람,
성실한 조직, 현명한 조직, 부실한 조직,
좋은 조직, 나쁜 조직,
또는 생각 없는 조직,

우리는 무엇을 향하고 있는가?

왜 향하고 있는가?

方

/ fāng /
Direction,
angle,
corner,
edge.
방 : 방위,
방향, 각(角),
모서리.

Even though I know the solution and I ignored it, why?

What's the reason?

Everybody says that we should change, but nobody leads the change; what's the reason?

Am I the same like them?

Do I lead the change? Do I follow the change? Do I stall the change? Do I make the change? Am I the change?

내(우리)가 해결의 방법을 알면서도 이를
회피하고 있다면, 그것은 무슨 이유에서인가?

누구나가 변혁이 필요하다고 하면서 정작
나서지 않고 있는 이유는 무엇인가?

모두가 제각기 옳다고 하면서도 우리 사회가
크게 개선되지 못하고 있는 이유는 무엇인가?

나(우리)도 그러한 상황과
함께 하고 있는 것은 아닌가?

나는 스스로 변혁을 이끌고 있는가?
변혁에 끌려가고 있는가?
스스로 변혁을 창조하고 있는가?
변혁의 낙오자가 되고 있는 것은 아닌가?

임무와 보람

Duties and Worth

자기책임의 완결은 참으로 영광스러운 일이며 명예롭고 보람 있는 것이다.

자기 일을 성실히 수행해내는 사람은 아름답다.

나와 우리는 자기완결의식을 가지고 우리의 경영행동에 만전을 기하고 있는가?

It is honorable thing to do one's best and fulfill his/her duties. One is beautiful, who exerts one's best.

Do I exert my best in every business and management activity with self-completion discipline?

職

/ zhí /

Job,

duty,

occupation.

직 : 벼슬,

임무,

직분(職分)

What are my duties?

What is my job?

What is the key purpose of my job and duties?

To do my work is to take responsibility.

My job is one part of the organization's business, and a valuable part of the society.

It is precious, inevitable and honorable element of the society.

Do I exert my best in doing my job?

What do I do to do my best?

In what first?

나의 임무는 무엇인가?
나의 직분은 무엇인가?
임무와 직분에 담겨있는 골자는 무엇인가?
그것은 책임이다.

직무를 부여하는 것은
바로 책임을 부여하는 것이다.

나의 직(職)은 우리 회사 내에서 없어서는
안 될 직(職)이며, 더 크게 보면,
사회를 움직이게 하는 요소이다.

그것은 소중하고 영광스러운 것이다.
나(우리)는 우리 직무에 최선을 다하고 있는가?
나의 직무에 최선을 다하기 위하여
나는 무엇을 하고 있는가?
그 중에 가장 중요한 것은 무엇인가?

與

/ yǔ, yú, yù /
Give,
service,
follow,
permit,
like,
herd,
group.
여 : 주다,
베풀다, 동아리,
무리, 따르다,
돕다, 허락하다,
좋아하다.

What will I give to this society in my life time?

What will my company give to this society in its life time?

How long could my company survive?

If this is the last day of my survival, what do I want to give?

How do I want to be remembered?

Why?

단 한번 뿐인 이 삶에서
난 무엇을 주고 가는가?

우리의 조직은 사회에
무엇을 주고 갈 것인가?

우리 기업은 얼마나 생존할 것인가?

만약 오늘이 우리 생존의 마지막 날이라면
이들에게 무엇을 주겠는가?

나와 우리는 어떻게 기억되길 바라는가?
왜 그런가?

實

/ shí /
Fruit,
honesty,
fulfill,
ripe.
실 : 열매,
가득 차다,
(곡식이) 익다.

What do I want to feel fulfilled in regards to my:

work; product; organization; company; behavior; results; attitude, family, myself?

What do I want to do with the result?

What do I want to do to contribute to society?

무엇으로 가득 채울 것인가?

나의 일, 우리의 제품 · 서비스,
우리 조직,
우리의 행위,
그리고 우리의 결실을

수확된 것으로는 무엇을 하겠는가?

보람된 사회기여는
또한 무엇으로 채우겠는가?

場

/chăng, cháng/
Place,
market,
school.
장 : 마당,
장소,
물건을 사고
파는 일이나
장소.

Company is the place where I meet team members, we meet each other, I meet customers.

Thinking meets actions, planning meets reflections, each meets etiquette, each meets cultures, outcomes meet my efforts.

In this place, I always learn, reflect, and perform.

So they call the company a practical learning school of business and management.

What do I bring, whom do I meet, why do I do it, what approach do I take, and with what mindset?

직장은 만나는 곳이다.

나와 동료가 만나고
우리와 고객이 만나고
생각과 행동이 만나고
계획과 반성이 만나고
서로의 예절과 고객과의 문화가 만나고
물자와 우리의 노력이 만난다.

이 장(場)에서 우리는 늘 배우고
반성하며, 실천한다.

그래서 실천의 배움터라고 한다.
나는 오늘 무엇을 들고 누구를 만나러 왔는가?

造

/ zào /
Make,
build,
decorate,
operate.
조 : 만들다,
세우다, 꾸미다,
조작하다.

It is a great think to make or create with my hands, body and brain by providing goods and services to customers and the society.

What do I create?

What could I create now?

Do I create the goods and services that my customers really want and use happily?

Why don’t I create these kinds of products and services now?

이 사회에 보탬이 되는 물건(서비스)을 우리의
손으로 만드는 기쁨은 참으로 엄청난 것이다.

지금 우리가 만들고 있는 것은 어떠한 것인가?
우리가 지금 만들 수 있는 것은 어떠한 것들인가?
정말로 고객들이 감격하면서 쓸 수 있는 것들을
만들어 제공하고 있는가?

정말로 최선을 다하여
세계적 명품을 만들려면 어떻게 해야 하는가?

그것을 이제 우리가 만들어 보지 않겠는가?

報

/ bào /
Reward,
return,
repay,
recompense.
보 : 갚다,
갚음.

Do I owe the ancestors and
predecessors a debt of gratitude?
Do I owe the customers and the society
a debt of gratitude?

How could I recompense the society?
What can I do?
What do I do?

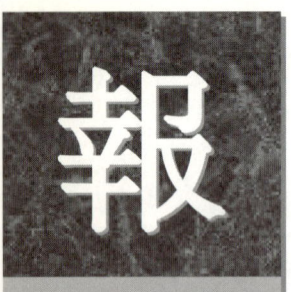

우리가 조상과 선배들로부터
은혜 입은 것은 무엇인가?

그것을 나(우리)는
어떻게 사회로 환원할 것인가?

그것을 위해
나는 무엇을 할 수 있는가?
지금 무엇을 하고 있는가?

오히려 잘못된 방법과 잘못된 일로
우리의 민족과 사회, 그리고 후손을
잘못되게 하는 일은 없는가?

意

/ yì /
Meaning,
think,
will.
의 : 뜻,
생각하다.

Our business starts from my thinking.
What is management's role in this?
Do I realize the will of management and business in making customers happy?

What is my part in it?
What should I do about it?

나(우리)의 일은 나(우리)의 생각에서 비롯된다.
우리의 경영관리는 우리의 생각과 일을
어떻게 이끌고 있는가?

우리의 경영의의(經營意義)는
나(우리)와 회사와 사회를
보람 있게 하는 것인가?

그것을 더욱 보람 있는 것으로 만들려면
나(우리)는 무엇을 해야 할 것인가?

배우고 또 배우며

Learn and Learn Again

현고학생(顯考學生)으로 시작되는 우리의 지방을 보면 알 수 있듯이 우리는 죽음 이후에도 학생이라는 타이틀을 지고 가는 엄청난 배움의 민족이다.

나와 우리는 어떠한 각오로 우리의 학습능력을 신장시켜가고 있는가?

타이틀만의 현고학생으로 만족하겠는가?

學

/ xué /

Study,

learn.

학 : 배우다

What have I learned and what do I learn nowadays?

To not learn as time flies, it is a terrible self-sin.

If my content and speed of learning in business activities could not pace at least with the society's intellectual evolution of learning, it is the same as curtailing the company.

The man who doesn't learn will be weeded out.

What do I learn today?

Am I open to learn?

If not, why not?

나는 무엇을 배우고 있는가?
그동안 내가 배운 것은 무엇인가?
시간이 흘러도 배운 것이 없다면,
그것은 자신에게 죄악이다.

자신의 배움의 내용과 속도가
사회의 학습지능의 진화 정도와 최소한의 보조를
맞추지 못한다면,
그것은 자신과 조직을 도태시키는 것이다.

배우지 않는 자는 도태된다.
부지런히 배우고 깨우치고 실천하라.

오늘 나(우리)는 무엇을 배우고 있는가?

非

/ fēi /
No,
not,
injustice,
wrong,
mistake,
error.
비 : 아니다,
등지다,
배반하다,
거짓

What should I deny?
What should I *not* deny?

Do I perform what I should not?
Does my company perform what it should not?
How do I deal with this?
Do I perform what I should?
Do I know what I do wrong? Why do I still do it?

무엇을 부정(否定)해야 하는가?

부정(否定)해서는 아니 되는 것은 무엇인가?

지금 우리는 해서는 아니 될 일을
하고 있는 것은 아닌가?

꼭 해야만 할 일을 하지 않고 있는 것은 아닌가?

심지어 이 순간조차도

習

/ xí /
Habituate oneself to, accustom to, practice, acquire, train, get used to, familiarize oneself to.
습 : 익히다, 되풀이하여 행하다,
닦다, 숙달하다,
물들다,
손(몸)에 익다.

Birds practice flapping their wings 100 times before they attempt flying.

If they fail at this exercise, they could not survive as flying birds.

What do I do to exercise and achieve excellent performance of business and management?

백 번의 날개 짓 실습훈련
그리고 비상(飛翔)한다.

그러나
여기에서 실패하면
날지 못한다.

날지 못하는 새는 새가 아니다.

우리는 사업과 경영관리의
초일류를 달성하기 위하여
무엇을 연습하고 있는가?

習

/ xí /
Habituate oneself to, accustom to, practice, acquire, train, get used to, familiarize oneself to.
습 : 익히다,
되풀이하여 행하다,
닦다, 숙달하다,
물들다,
손(몸)에 익다.

The bad habit leads man in difficulty for a long time.

Do I have bad habits?

What about my way of thinking, behavior?

What about my principles, are these infected by bad habits?

It is very hard to correct bad habits, it needs great effort, time, energy and unbelievable strong will.

How could I correct my bad habits in my business activities?

잘못 길들여진 것은 평생 고생한다.
나(우리)에게 잘못 길들여진 것은 없는가?
내(우리)가 잘못 길들인 것은 없는가?

나(우리)의 생각, 행동,
그리고 원칙조차도 반복적으로 잘못되어
습관처럼 적용되는 것은 없는가?

습관을 고치는 데에도 엄청난 노력이 필요하다.

나(우리)는 우리의 악습(惡習)을
어떻게 고치겠는가?

開

/ kāi /
Open,
bloom,
clear,
cultivate.
개 : 열다,
열리다,
통달하다,
꽃이 피다.
개간하다.

Opened future.
What is closed?
What should I open?
Do I want to open?

If I don't know what is closed, I might not know what should be opened.

What is closed in me?

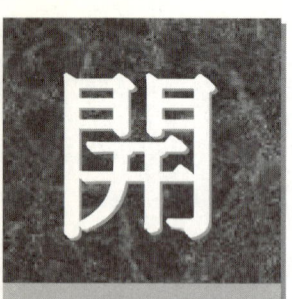

열린 미래.
무엇이 닫혀 있는가?
무엇을 열어야 할 것인가?

닫힌 것이 무엇인지를 모르면
무엇을 열어야 할 줄 모른다.

우선 나(우리)에게 닫혀 있는 것은
무엇일까?

彊

/ jiàng, qiáng /
Strong.
강 : 굳세다.

Confucius said:

"Don't stop in enhancing one's sincerity in doing his best."

In other words, it is important to understand, that I should set the basic fundamentals for doing my best with sincerity.

What should be the core concepts and contents of my business principle in doing my best with sincerity?

Which are for me?

자강불식(自彊不息)[1]
스스로 최선을 다하여 힘쓰고 가다듬되
쉬지 않는다는 말이 있다.

여기에서 중요한 것은
'무엇을 근본으로 하여
부단한 노력을 기울일 것인가?'를
명확히 하는 것이다.

나(우리)는
최선의 사업추진과 일의 수행에 있어서
무엇을 근본으로 부단한 노력을
기울여야 하는가?

1) 天行建, 君子以自疆不息. (易經)

行

/ xíng, háng /
Go,
do,
exercise.
행 : 가다. 걷다.
나아가다. 흐르다,
달아나다. 겪다.
행하다, 일하다,
움직이다, 보내다,
쓰다, 베풀다

Now go and do it, if you come to know what is right.

What is left, it is only Practice.

Exert every ability to change the society.

Learn steady, exert continuously.

When it starts moving, half is already accomplished.

Now, what is the other half?

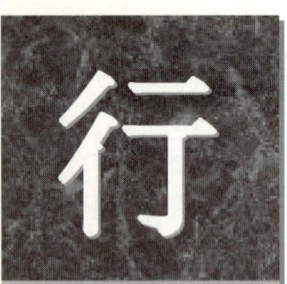

행하라!
옳음이 무엇인지 안다면,
이제는 행하는 일이 남았을 뿐,

천지를 개벽시키는 일을
나와 우리의 능력으로 발휘하라.

계속 배우며, 계속 노력하라.
움직이기 시작하면, 반은 성공이다.

그렇다면 이제 필요한 나머지 반은 무엇일까?

에필로그

보는 것과 보이는 것은 다르다

우리가 보는 것과 실제로 보이는 것은 다를 수 있습니다. 거기에 의도가 개입되면 더욱 그 편차가 커집니다.

어떤 렌즈와 필터를 사용하는가에 따라서 사진기의 상(像)이 달라지는 것과 마찬가지로, 어떤 사고방식과 관점, 의식을 통하여 생각하는가에 따라 그 결과는 달라집니다.

여기에서의 질문은 아주 단도직입적이며, 본질적인 것에 대하여 우리의 직원들이 고민을 하고 문제의식을 갖도록 작성되었습니다. 이러한 질문을 통하여 번뇌와 갈등을 촉발함으로써 현재에 안주하지 않고, 새로운 사고의 불균형을 이끌어내면서 새로이 보다 더 바람직한 직업인과 기업상을 창조해볼 수 있는 계기를 만들기를 희망합니다.

질문으로 깨우쳐주시던 은사님

답이 없이 질문만으로 무엇을 건질 수 있을까? 저의 절친한 동료가 제게 오래 전에 하던 이야기입니다. 그러나 제대로 된 질문 하나가 엄청난 우주의 섭리를 파악하는데 계기가 될 수도 있습니다. 질문은 또 다른 패러다임을 열 수 있는 촉매가 될 수 있다는 점에서 용기를 내어 이 소책자를 내게 되었습니다.

여기에 수록한 질문들 중에 단 몇 가지만의 질문이라도 우리 조직 구성원들이 함께 하고 그에 대한 바른 해답을 찾아가는 과정에서 바른 관점을 얻으실 수 있다면, 참으로 기쁘겠습니다.

모범 답안에 관하여

여기에서 제시되고 있는 질문들 중에는 어떤 한 가지 형태의 모범적인 답안이 제시될 수 있는 것도 있고, 다양한 형태의 관점이 답으로 제시될 수도 있습니다. 그러나, 저자들이 이 질문들을 정리하면서 소망한 것은 명쾌한 한 가지의 정답을 원하는 것 보다는 답을 찾아가면서, 얻어지게 되는 관점들과 이해의 폭을 넓히면서 얻게 되는 새로운 패러다임입니다.

패러다임의 충돌과 모반, 그리고 보다 강력한 관점들을 소지할 때, 우리는 보다 확고한 신념과 행동, 그리고 성과를 기대할 수 있습니다.

독자 여러분께서 이 책의 질문들에 대한 답변을 찾아 고뇌하는 과정에서 이 책자는 마침내 생명을 얻게 될 것입니다. 마침내 여러분의 답변이 완성된다면, 이 책은 소임을 다한 것이 될 것입니다.

이 책이 우리 기업조직의 정신적 기초와 정신력을 강화할 수 있도록 하는데 미약하나마 도움이 될 수 있기를 소망합니다.

여러분과의 정신적 만남을 깊이 감사 드립니다.

저자소개

박 동 준

저자 박동준은 소프트전략경영연구원 원장, (미) ESPRO Inc.대표이사로 재임하고 있으며, 전략경영분야의 교육과 지도 전문가로 활동하고 있다. 앤소프 코리아 대표 및 앤소프 그룹의 경영진으로 활동하고 Ansoff Institute Director, *Strategic Change*, (John Wiley) Editorial Board를 역임하였다. 일본전략경영협회 이사.

삼성, 현대-기아자동차, 포스코, LG, SK 등의 국내 초일류기업의 경영간부 및 핵심관리자들을 대상으로 전략경영을 강의하였으며, 정부부문으로는 한국은행, 농림부, 기상청, 한국가스공사 및 자회사 경영간부를 중심으로 전략경영워크샵을 지도하였다.

기업 및 정부조직의 전략경영분야의 신기법 개발과 저술 및 지도활동을 왕성하게 전개하고 있으며, 뉴스와트(New SWOT)전략, SIS 프로그램, SRM, EZ Management, 창조전략, 전략적 마인드와 같은 독특한 전략기법들을 개발하여 지도하고 있다. 주요저서로는 소프트파워전략(!994), 뉴스와트전략(2005), 전략포맷(공저, 2008), 전략적 위기경영(공저, 2008), 경영관리자를 위한 성공전략(2008), 뉴스와트전략실천기법(2008) 등이 있다.

www.aiasm.com, nswot@naver.com

피터 앤토니오(Peter H. Antoniou)

공저자 피터 앤토니오 박사는 미국 Pomegranate International 사장, CSUSM, Mt. St. Mary's College의 전략경영과 국제경영과목의 겸임교수로 재임하고 있으며, Ansoff Institute의 공동설립자로 경영관리자의 전략적 변혁과 관련된 컨설팅활동을 전개해오고 있다.

경영자와 관리자를 위한 전략경영의 성공적 수행과 관련하여 17권의 저서 및 공저가 있으며 현재 중국과 미국에서 왕성한 강의활동과 컨설팅활동을 전개하고 있다. 주요 지도업체로는 IBM-Brazil, IBM-Mexico, Johnson Wax, Infotec and the Pearl River Investment Company등이 있으며 한국의 주요 기업체 경영관리자들에게도 미국과 한국에서 총 10회에 걸쳐 강의를 하였다.

www.pomegranateinternational.com, drpha@aol.com

찾아보기

(나)

(다)

(마)

(아)

(자)

(영문과 숫자)

찾아보기 : 한자 표제어 (수록 순)

찾아보기 : 한자 표제어 (가나다 순)

전략 마인드 시리즈 도서 안내

전략 마인드 제1권 경영관리자의 성공전략 (박동준 저)

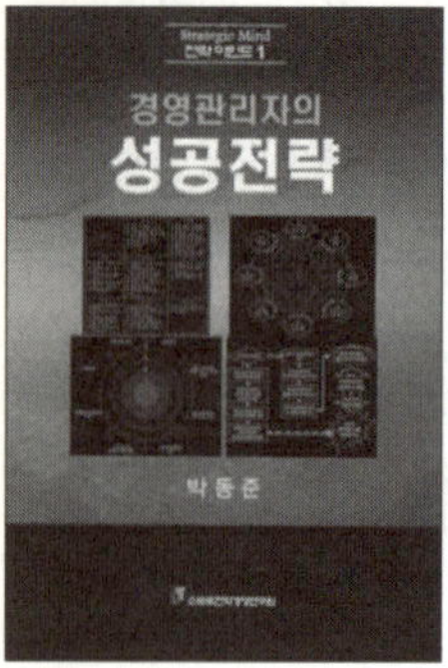

경영 관리자의 업적과 조직의 성과 제고를 위하여 기본적으로 학습해야 할 전략적 관점과 태도를 강화하는데 유용한 성공원칙과 전략안내서.

경영관리자의 성공원칙, 경영성공모델을 제시하고 조직의 업무 기획품질을 관리하고 점검하기 위한 관점과 긴급대응업무를 전개하고 조직의 전략적 역량을 강화하기 위한 착안점과 관리자의 역할을 제시.

기업의 성장을 주도하기 위한 전략개념과 관점을 강화하고 전통적인 SWOT 전략분석기법을 알기 쉽게 설명하고 있다.

조직내에서 현재 전개되고 있는 전략적 문제해결기법의 한계점을 확인하고, 새로운 관점에서의 전략대응기법을 학습.

전략 마인드 제2권 뉴스와트전략 2.0 실천기법 (박동준 저)

2005년 국내에 최초로 선을 보인 뉴스와트(NEW SWOT) 전략 실천기법의 수정판 경영관리자를 위한 실무 안내서. 뉴스와트 절차 및 작성도표를 보완하여 추가하고, 점검항목들을 개선하여 뉴스와트 전략 2.0 실천기법을 상세히 소개한 책. 경영관리자 및 실무자의 작업능력과 난이도에 따라 학습할 수 있도록 구분함.

문제해결의 논리와 절차, 선행적 대응에 대한 관점을 더욱 보강한 신기법을 소개. 부록에서는 전략감사를 위한 체크리스트를 수록하여, 전략적 성과와 품질에 대한 관점을 강화할 수 있도록 함.

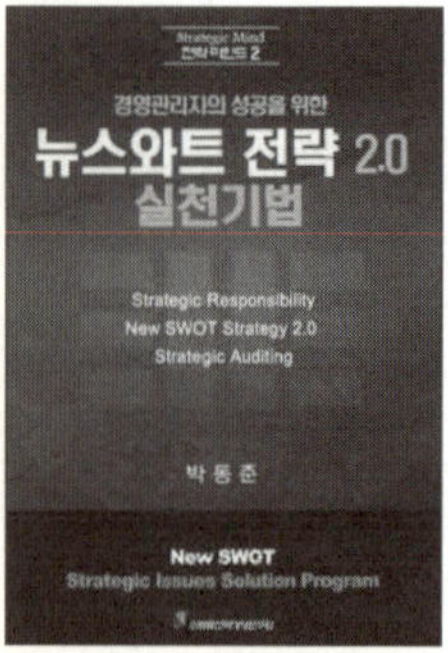

전략 마인드 제3권 전략포맷 - 경영관리자의 성공전략을 위한 (박동준, 피터 앤토니오 공저)

전략경영의 관점에서 전개하는 전략의 초보적인 관점에서 더욱 진보하여 전략의 모색과 활용의 기볾원칙으로 10가지의 전략포맷의 기본형을 소개하고, 전략성공모델과 전략대응원칙을 정리한 독특한 전략전개기법의 기본서

전략구조와 전략형식에 대한 고찰과 전개기법을 통하여, 전략창조에 대한 인식 및 판단논리를 강화할 수 있음.

전략경영의 전문가들이 2년여의 기간에 걸쳐 연구, 고안하고 체계화시켜 산업현장에서 교육자료로 활용하고 있는 방법론

전략 마인드 제4권 전략적 위기경영- 실천기법 (김승렬, 박동준 공저)

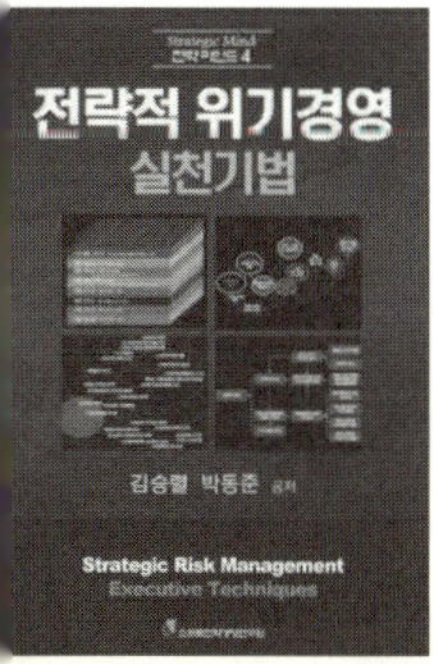

위기대응의 논리와 절차에 대하여 기본적인 접근방법을 모색하고 조직 내에서 위기에 대하여 전략적 관점에서 대응할 수 있도록 저자들이 개발한 실천기법을 알기 쉬게 소개함.

전략적 위기경영과 관련된 주제들에 대하여 단계적으로 간략하고 명쾌하게 설명함으로써 경영관리자들이 현장에서 당면하게 되는 위기에 대한 인식과 대응능력을 강화할 수 있도록 하는 위기대응의 필독서

리스크 스와트 매트릭스 기법, 이슈 클러스터링 기법등의 실용적 전략적 위기대응 논리와 절차, 기법을 소개하고 있음.